HÁBLAME DE TI

Cómo transformar entrevistas en contratos de trabajo

Carlos Losada Viejo

Derechos de autor - Copyright

Queda rigurosamente prohibido, sin la autorización previa y por escrito, del titular del copyright y bajo las sanciones establecidas en las leyes, la reproducción total o parcial de esta obra, ni su incorporación a un sistema informático, ni su transmisión en cualquier forma o por cualquier medio (electrónico, mecánico, fotocopia, grabación u otros).

La infracción de dichos derechos puede constituir un delito contra la propiedad intelectual.

¡Suscríbete a nuestra lista de correo!

Recibirás **GRATIS** el Ebook:

**25 SECRETOS para TRIUNFAR
en los PROCESOS de SELECCIÓN**

Este ebook está disponible por **TIEMPO LIMITADO.**

Si estás interesado envíame un email a:

carlos.losada.viejo@gmail

Recibirás un correo con el link de descarga.

Solicítalo ¡YA!

Índice

In Memoriam	10
Introducción	12
PARTE I: LOS FUNDAMENTOS	**16**
La esencia	16
¿Qué es una entrevista de trabajo?	21
Qué no es una entrevista de trabajo	25
El ingrediente secreto que cautiva	27
Hacer vs. Conseguir	37
Se busca	41
PARTE II: LAS CLAVES DEL ÉXITO	**46**
Autoconocimiento	46
Preparación	58
Practicar	66
El secreto de la credibilidad en las entrevistas	69
Efecto Halo I. Primera impresión	74
Hablemos de estilismo	76
Efecto Halo II. Minimizar	81
Logística para la entrevista	90
En positivo	94
PARTE III. Oratoria	**96**
Oratoria. Aprende a utilizar el poder de la palabra	96
Técnicas de oratoria	98

Técnica I. Principio general	98
Técnica II. Sistema 2 x 3	100
Técnica III. Técnica del semáforo	102
Técnica IV. Sencillez	103
Técnica V. Historias de tu historia	105
Técnica VI. Método P.A.R	111
Técnica VII. Profesionalidad	115
Técnica VIII. Juego de bostezos	117
Coaching de empleabilidad conmigo	128
PARTE IV: TIPOS DE PREGUNTAS	**130**
Las cartas marcadas. ¿Qué esconde cada pregunta?	130
Cómo desactivar preguntas trampa	130
Preguntas incómodas	140
Cómo enfrentarse y salir triunfador	140
Preguntas ilegales, impertinentes o inadecuadas	145
Cómo afrontarlas	145
PARTE V: EJECUCIÓN	**154**
Top preguntas. Lo previsible	154
El octavo mandamiento	158
Quién. Por qué. Qué	160
Quién eres. Háblame de ti	161
¿Por qué quieres trabajar con nosotros?	164

¿Por qué tú?	166
¿Por qué quieres cambiar de trabajo?	169
¿Cuáles son tus debilidades?	173
¿Cuáles son tus puntos fuertes?	180
¿Cuál es tu mayor fracaso? Método I.C.A	183
¿Cuál es tu mayor éxito profesional?	187
¿Cómo trabajas bajo presión?	192
¿Cómo manejas el estrés?	192
¿Cuál es tu experiencia en relación al puesto?	197
¿Qué destacarías en positivo y negativo de tus anteriores trabajos?	200
¿A qué empresa volverías y por qué?	202
¿Dónde te ves en cinco años?	204
¿Qué sabes de nosotros?	207
¿Qué puedes aportar a la empresa?	213
Qué harás en los primeros 90 días	215
¿Cómo era la relación con tus jefes, compañeros y subordinados en tus anteriores empleos?	220
¿Cómo es tu jefe ideal?	222
¿Cómo has conseguido tus empleos?	225
Cuáles son tus pretensiones económicas	227
¿Estás participando en más procesos de selección?	235
¿Tienes alguna pregunta? Cesión del poder. Tu turno	240
Los 3 secretos para un cierre 5 estrellas de la entrevista	244

Parte VI. La secuela	**249**
Las 7 acciones imprescindibles post entrevista	249
Acción 1	249
Acción 2	251
Acción 3	252
Acción 4	252
Acción 5	252
Acción 6	253
Acción 7	254
Ideas finales	257
¿En qué te puedo ayudar?	258
¡Necesito tu ayuda!	260
Sobre mi	261
Agradecimientos	262

In Memoriam

17 de agosto de hace unas décadas. Una joven embarazada primeriza yace postrada y desfallecida en el paritorio del Hospital, está febril, sufre una neumonía, el parto ha pasado de ser el momento más deseado y lleno de ilusión a transformarse en la peor de las pesadillas para esta muchacha…

— Carmina, hace rato que no sentimos al bebé, ningún síntoma vital. Vamos a hacer todo lo posible por salvarte a ti —le dice compungido el doctor—

— Doctor, no hagan nada que ponga en peligro la vida del bebé, siento que sigue vivo —responde con un gesto de rabia.

A su lado, Carlos, su marido, sufre en silencio.

Carmina lucha, pelea, utiliza su última reserva de fuerzas para que el bebé vea la deslumbrante luz de la maternidad. Tras conseguirlo, agotada, pierde el conocimiento.

Ahí estaba yo, acaparando el protagonismo, pasando de mano en mano, berreando mientras me lavan, cortan el cordón…

10 de agosto de 2021. Carmina está postrada en la cama del Hospital, sedada, su rostro es de un blanco mortecino que presagia el final. A las 13:15 se fue en paz, acompañada por mi hermana y por mi.

21 de noviembre de 2021. Volvemos del funeral de nuestro padre. Ha luchado hasta el final. Ha sido todo un ejemplo de vida hasta su último suspiro.

El **2021** ha dejado un gran vacío en nosotros. Un año cruel.

Este libro está dedicado a vosotros, a toda una vida de cariño y de desvelos por vuestra familia, inculcándonos que cada día tenemos que trabajar duro y ser mejores, porque sin esfuerzo no se consigue nada.

Hasta siempre mamá y papá.

"La muerte no nos roba a los seres amados. Al contrario, nos los guarda y nos los inmortaliza en el recuerdo. La vida sí que nos los roba muchas veces y definitivamente."

François Mauriac

Introducción

Hay dos tipos de candidatos. Los que preparan las entrevistas y los que fracasan.

Este libro es una guía, un par de muletas, para todos los candidatos que deciden preparar a conciencia esta trascendental y decisiva fase del proceso de selección: la entrevista de trabajo.

Profesionales que no quieren que su futuro esté en manos de la improvisación, ese ser malévolo que hace fracasar, una y otra vez, a excelentes candidatos en su periplo hacia una tierra llamada:

¡CONTRATADO! Firma aquí. Empiezas el lunes.

Créeme, lo he visto una y otra vez, excelentes profesionales que son incapaces de transmitir en la entrevista su valía. Toda su auténtica valía.

En este libro encontrarás todos los secretos que los empleadores y los seleccionadores no quieren que conozcas, desvelados por un Headhunter.

A lo largo de esta guía para que sepas transformar entrevistas en contratos de trabajo, he plasmado y exprimido toda mi experiencia adquirida a lo largo de 25 años haciendo selección.

Recoge un compendio de secretos y trucos para que triunfes en las entrevistas. Consejos que no encontrarás en Google.

Enseñanzas extraídas de cientos de entrevistas, para puestos de trabajo de todo tipo, desde plantilla base a cargos directivos, para múltiples empresas de diversos sectores.

Es el manual que me gustaría que leyeran todas las candidatas y los candidatos antes de tener una entrevista.

Nos facilita el trabajo a todos. Tú sabrás qué es, de verdad, un proceso de selección y una entrevista. Cómo prepararla, ejecutarla de manera brillante y poner las probabilidades de éxito a tu favor.

Los seleccionadores obtendremos valiosa información, útil y de calidad. Ésta es la materia prima que necesitamos para poder tomar decisiones informadas sobre la continuidad de los candidatos en los procesos de selección.

He dividido el libro en seis partes, cada una de ellas dedicada a un aspecto fundamental que necesitas conocer y dominar para triunfar en los procesos de selección. Leer este libro te da una ventaja competitiva. Aprovéchala.

Te quiero presentar a dos sujetos que nos acompañarán a lo largo de todo nuestro periplo juntos: **KO** y **OK**.

KO es ese sujeto que todos llevamos dentro y nos impide obtener el éxito cuando no actuamos con profesionalidad. **KO** nos ayudará a ver el lado negativo de cada acción.

OK es el profesional exitoso que surge fruto de la preparación y el esfuerzo.

Todos podemos mostrarnos en la entrevista como profesionales **OK** o como **KO**. Es nuestra decisión.

En resumen, el objetivo de este libro es ayudarte a mostrar lo excelente **profesional** que eres y triunfar en las entrevistas.

"No creo en la suerte, creo en la preparación."
Bobby Knight

HÁBLAME DE TI
Cómo transformar entrevistas en contratos de trabajo

Carlos Losada Viejo

PARTE I: LOS FUNDAMENTOS

La esencia

¿Qué es realmente un proceso de selección?

9 de marzo de 2020, lunes. Son las 9 de la mañana de una semana que cambiará nuestras vidas en los próximos meses. Quizás durante años.

Es la primera sesión del Certificado de Profesionalidad en Recursos Humanos que imparto. Se trata de una formación que avala al titular como poseedor de la cualificación necesaria para desempeñar la profesión en cualquier país de la Unión Europea.

Estoy de pié, frente a las 20 participantes del programa. Sonríen. Están tranquilas y relajadas. Ajenas a cómo concluirá la semana.

— ¿Qué es un proceso de selección? — pregunto.

— Carlos — responden — un proceso de selección es la búsqueda de un candidato para incorporar en la empresa, alguien para sustituir a otra persona que se ha ido, cubrir un nuevo puesto, sustituir una baja por enfermedad o por vacaciones…

— Sí, tenéis razón, vuestras respuestas son acertadas. Es verdad. Un proceso de selección trata de cubrir, incorporar o sustituir. Es cierto, pero es una definición **incompleta.**

Un **proceso de selección** — comento — es la búsqueda de la persona **adecuada** para_solucionar los problemas del puesto, aportando habilidades, competencias, experiencia, logros, éxitos, formación y **con actitud positiva.**

Esta es la definición que transmito a los estudiantes de las formaciones que imparto en Master de Recursos Humanos, Certificados de Profesionalidad, ponencias, conferencias, MasterClass, universidad y cursos a los futuros profesionales en gestión de personas.

Es el concepto que tengo en mente cuando gestiono procesos de selección y en general cuando adopto cualquier tipo de decisión como profesional de recursos humanos.

Esta es la **trilogía** que tienes que tener en cuenta como candidato cuando participas en un proceso de selección, porque es lo que buscan los seleccionadores. Profesionales capaces de:

1- Solucionar los **problemas** de la organización.
2- Poseer las **habilidades, conocimientos** y **formación** necesaria.
3- Aportar actitud positiva.

Insisto, el proceso de selección trata de la búsqueda de un **SOLUCIONADOR** de problemas. No de detectar un **HACEDOR**, alguien que solo hace cosas. ¿Haces o solucionas?

Veamos **tres ejemplos.**

¿Qué problemas deben solucionar las **cajeras, camioneros** y **monitoras** de eventos?

Cajeras
Los tres principales **problemas** que deben solventar las **cajeras** de un supermercado son:

1- **Rapidez**. Los clientes odiamos esperar para pagar.
2- **Amabilidad**. Contratamos sonrisas. Buscamos que los clientes se vayan con una buena impresión. Es probable que la cajera sea la única

persona de la organización con quien entren en contacto y hablen. Nos la jugamos como organización.

3- Honradez. Por sus manos pasan miles de euros cada día. Queremos personas en quien confiar. Tienen que manejar el dinero con integridad y exactitud (sin errores).

Camioneros
Septiembre de 2021. Tengo una reunión con una empresa transportista que presta servicios logísticos a Citroen, Opel y Ford. Se trata de uno de los grandes operadores logísticos especializado en el sector de la automoción.

Quieren que colabore en la búsqueda y selección de **conductores** de **camiones.** El Director de Operaciones y la Directora de Recursos Humanos me transmiten que los problemas más **importantes** que deben solucionar estos profesionales del transporte por carretera en su organización son:

1- Integridad. La mercancía tiene que llegar en perfectas condiciones.
2- Puntualidad. A tiempo.
3- Reducir costes. ¿Cómo puede reducir costes un chófer? Gracias a:
   A- **Ahorro de combustible.** En función del modo de conducir el consumo puede fluctuar hasta un 20%. Es fácil imaginar el impacto que tiene la conducción en el gasto de carburante de trailers de 5 ejes y que transportan 42 toneladas.
   B- **Sin multas.** Respetando el código de la circulación.

Con esta valiosa y fundamental información gestioné el proceso de selección de chóferes.

Monitora de eventos. Caso práctico.
La empresa **Castillos Hinchables SL nos ha contratado para buscar una "Monitora de eventos con Castillos Hinchables".** Buscan un

profesional para dinamizar eventos infantiles con construcciones hinchables.

Lo primero que tenemos que analizar es qué **problemas** preocupan y debe solucionar un monitor de eventos con hinchables.

¿Qué inquieta al empleador? Concluimos que le intranquilizan los siguientes aspectos:

1- La seguridad en los eventos. Que los niños no sufran accidentes.
2- Diversión. Que los eventos sean entretenidos. Que las niñas se lo pasen genial, disfruten y no se aburran.
3- Ventas. Ingresos. Lograr fidelizar a los actuales clientes que vuelvan, que lo cuenten a su círculo de amigos y conseguir organizar más eventos con nuevos clientes.

En la entrevista el **candidato OK** debe centrar su discurso en demostrar todo lo que es capaz de conseguir y solucionar como monitor de eventos. Buscará tranquilizar al empleador. Debe transmitir en la entrevista mensajes de tipo:

Problema 1. Peques seguros y progenitores tranquilos.

— Cumplo todas las normas de seguridad relativas a la instalación de castillos hinchables, utilización, aforo, regulación y seguridad en caso de inclemencias meteorológicas.

— En **50 eventos** en los que he colaborado como monitor, he tenido cero **accidentes** graves o muy graves. Ninguno.

Problema 2. Evitar niñas aburridas en el evento.

— Organizo divertidos talleres y juegos, hago que todos participen, se sientan protagonistas y disfruten.

— Dinamizo una media de **5** juegos y **1** taller cada **2** horas.

Problema 3. Incrementar el número de clientes.

— Hablo con los padres y les informo del concurso que hemos creado en nuestras páginas en Facebook e Instagram.

— Les comento los hashtag que utilizamos.

— Animamos a que inmortalicen los divertidos momentos que van a vivir sus peques haciendo fotos con su móvil. Que tengan preciosos recuerdos que merece la pena guardar y compartir con la familia y con los amigos.

Idea clave
Un proceso de selección es la búsqueda de un **solucionador de problemas, con las habilidades necesarias y aportando actitud positiva.**

¿Qué es una entrevista de trabajo?

En este capítulo vamos a analizar qué es realmente una entrevista de trabajo.

Hay **tres aspectos** que debes tener en cuenta porque todos ellos configuran su **verdadero significado**.

Primero. La entrevista de trabajo es una **REUNIÓN de TRABAJO** entre profesionales.

Profesional 1. Es el seleccionador, empleador, entrevistador, contratador o consultor.

Profesional 2. El candidato que posee un conjunto de habilidades, competencias, experiencia, vivencias, conocimientos y una actitud determinada.

La entrevista, como cualquier otra reunión importante de trabajo, tienes que prepararla, porque hay mucho en juego.

De su éxito o fracaso depende tu carrera profesional, tu bienestar personal y el de tu familia, pagar las facturas y la hipoteca.

Demasiadas cosas importantes dependen de su éxito o fracaso como para fiarlo todo a tu capacidad de improvisación.

La entrevista de trabajo no es un examen, no se trata de ningún tipo de oposición, ni del repaso de unas lecciones con tu maestro. No. Es una reunión importante, muy importante, por lo que hay en juego.

Reunión que transcurre con la participación, como decía al principio, entre dos profesionales, entrevistador y candidato.

Segundo. Es el MOMENTO DE LA VERDAD.

La entrevista de trabajo es la fase más importante y con toda probabilidad decisiva del proceso de selección.

Todo lo que has hecho hasta ahora, como detectar la oferta de empleo, remitir tu currículum y carta de presentación. Todo ésto te permite captar la atención de la organización y jugar la final.

En la entrevista, o entrevistas si hay varias, se decide todo, da igual lo mucho que hayas impresionado hasta ahora en las fases anteriores. Lo importante comienza con la entrevista.

Hasta ahora el proceso de selección ha sido en **2D**, dos dimensiones, papel, pantalla, ahora pasas a la fase en **3D**, el seleccionador te escucha, ve, observa e interactúa contigo.

Tercero. Es una reunión cuyo objetivo es TRANSMITIR IDEAS, INFORMACIÓN ÚTIL Y RELEVANTE.

¿Cuál es la meta de esta reunión de trabajo? Comunicar datos, hechos e información. Transmitir todo el saber y querer del candidato al seleccionador.

Regla del 80/20
Para lograr este objetivo hay que cumplir la regla del 80/20.

El **80%** del tiempo debe hablar el candidato (proporcionando información útil y relevante para que el seleccionador adopte decisiones informadas sobre la continuidad o no del candidato en el proceso).

El **20%** del tiempo debe hablar el seleccionador, dirigiendo la reunión y comunicando información del puesto, proceso y de la empresa.

El candidato debe tener claro qué información debe trasladar al seleccionador, para que el entrevistador pueda decidir con todos los datos necesarios sobre si es la persona idónea para el puesto, o no lo es.

¿Qué crees que favorece más ser....? ¿El **candidato KO** que improvisa, se deja llevar y conforme le preguntan responde? Sobre la marcha va contestando. Sin ningún tipo de preparación, o el **candidato OK** que ha preparado un listado con toda la información que el entrevistador debe saber para que pueda valorar su candidatura.

Dada la importancia de este tema dedicaremos un capítulo específico a la preparación de la entrevista (PARTE II. LAS CLAVES DEL ÉXITO - Preparación).

El seleccionador, con la información obtenida, valora si existe adecuación entre el candidato y el puesto, es decir, si es la persona adecuada para solucionar los problemas del puesto.

Ideas clave
1- La entrevista es una **reunión de trabajo** entre dos profesionales. Dada la importancia que tiene, tienes que prepararla a fondo.

2- Es el **momento de la verdad.** Es la fase decisiva del proceso de selección. Prepara la reunión. Confecciona un listado con toda la información que debes transmitir. No improvises.

3- **Transmite información útil y relevante.** Todo lo que sabes y quieres, sobre ti y en relación al sector, la empresa, puesto y oportunidad profesional. Lo veremos a fondo en: PARTE II. LAS CLAVES DEL ÉXITO - Preparación

4- **Regla del 80 - 20.** En la entrevista se tiene que cumplir esta norma. Debe hablar el 80% del tiempo el candidato y el 20% el seleccionador.

5- El **objetivo** de la entrevista es que el seleccionador obtenga información suficiente y de calidad para poder tomar una **decisión informada** sobre la continuidad o no del candidato en el proceso.

KO & OK
El candidato **KO no se prepara**. Improvisa.

El candidato **OK** prepara y practica.

¿Quién crees que tiene más probabilidades de triunfar? ¿Quién firmará el contrato? ¿Quién empezará a trabajar el lunes? ¿OK o KO?

Qué no es una entrevista de trabajo

La entrevista de trabajo no es una oposición, ni una charla entre amigos y tampoco es el interrogatorio que busca la confesión de un delito no cometido.

Analicemos por qué la entrevista de trabajo no es nada de todo ésto:

1- La entrevista es una herramienta para encauzar información relevante entre los profesionales que participan en ella. No de recitar datos previamente memorizados. Ésto se nota y queda fatal. No te enfrentas a una **oposición**, ni a un examen. Insisto.

2- Tampoco es una **charla entre amigos**, ni entre colegas. Un buen entrevistador procurará que te relajes, que estés tranquilo, para facilitar que fluya la información. Perfecto, muéstrate educado, relajado, sonriente, amable, conversa con fluidez, siempre mantén el tono profesional y sin colegueos. No caigas en este error. Te hace parecer poco profesional.

3- No es la **investigación por un delito que no has cometido**. A veces los entrevistadores causamos este efecto en los candidatos.

Insisto. La entrevista es una reunión de trabajo entre profesionales, con el objetivo de obtener suficiente información del candidato para tomar decisiones. Dada su trascendencia suele ser el "momento de la verdad". La fase más importante del proceso de selección.

ENTREVISTADORES KO & OK
El seleccionador KO no prepara la entrevista, no ha investigado toda la información del candidato y desconoce los problemas del puesto. Trata al candidato como el principal sospechoso de haber cometido un delito.

— ¿Estaba usted en Dallas el 22 de noviembre de 1963? ¿El 4 de abril de 1968 merodeaba por Memphis? ¿Se encontraba en Roma el 15 de marzo del año 44 a.c?

El seleccionador OK. Ha preparado a conciencia la entrevista. Sabe cuáles son los problemas más importantes que deben ser resueltos en ese puesto, los aspectos críticos. Ha estudiado toda la información aportada por el candidato. Conduce la reunión de manera distendida, facilitando un tono relajado que permite fluir la información útil y relevante. Sin falsos colegueos.

¿Qué entrevistador es más probable que obtenga más información relevante y tome decisiones acertadas?

El ingrediente secreto que cautiva

"Hay una magia real en el entusiasmo.
En él se explica la diferencia entre la mediocridad y los logros."
Norman Vincent Peale

"El verdadero secreto del éxito es el entusiasmo."
Walter Chrysler

El ingrediente Top Secret que hace que el candidato cautive en las entrevistas es el **entusiasmo**.

La entrevista tiene que ser una transferencia de entusiasmo.

El seleccionador tiene que percibir, con toda claridad, que en este momento para ti, lo más importante en tu vida profesional, es obtener el trabajo, aprovechar la oportunidad profesional a la que optas, y entrar a trabajar en su organización.

Deja claro que estás motivado. Quieres trabajar con ellos, ser parte del proyecto. Te ilusiona. Se ve, se huele, se palpa, se siente y transmites esas ganas.

Tiene que percibir con toda claridad ese entusiasmo, esas ganas e ilusión por la oportunidad profesional. Lo debe notar en todos y cada uno de los poros de tu piel.

Tienes difícil entrar en la organización si el seleccionador no percibe en ti entusiasmo por su empresa, sector y puesto, porque sería un error de selección.

Los errores de selección son caros, muy caros, para todos. Una contratación fallida arroja a la basura tiempo, dinero, esfuerzos, y lo peor, son los posibles efectos psicológicos negativos en el candidato fallido si es despedido.

Hemos visto que la **entrevista** es:

1- **El momento de la verdad.** El punto cero. Todo lo anterior no cuenta.
2- **Reunión entre profesionales.** El seleccionador, y el profesional que posee un conjunto de habilidades.
3- **Se trata de transmitir ideas.** El objetivo de esta reunión de trabajo, recuerda, es comunicar información y el protagonista de esa transmisión de datos es el candidat@. Tiene que tratar que la información sea útil y de calidad.

Estos tres aspectos son claves, pero sin la transferencia de entusiasmo, el **ingrediente secreto** y vital, el resto pierde valor y las probabilidades de ser contratado se desvanecen.

El seleccionador gana buena parte de su sueldo detectando motivación. Descubriendo talento. Busca profesionales que saben y quieren. Los candidatos que quieren, que demuestran tener la actitud correcta transmiten entusiasmo, ganas e ilusión.

Perdona que insista. ¿Que es un seleccionador? Es un detector de entusiasmo, más otros aspectos. Por eso debes irradiar emoción, ilusión y motivación en la entrevista por el puesto y la oportunidad profesional. Pónselo fácil al seleccionador. Lo agradecerá y te beneficiará.

— Una duda señor escritor…

— ¿Si demuestro entusiasmo? ¿El trabajo será para mí?

Las probabilidades de conseguirlo se incrementan para ti. Si no muestras entusiasmo, éstas se reducen drásticamente.

Sin mostrar entusiasmo, el éxito es muy difícil, prácticamente imposible.

Debes exhibir tu entusiasmo por la oportunidad laboral a la que optas lo largo de **todo** el proceso de selección:

1- **Antes de la entrevista.**
2- **Durante la entrevista.**
3- **Después de la entrevista.**

Querido lector. Sé lo que estás pensando.

¿Cómo demuestras tu entusiasmo?
A continuación te proporciono algunas ideas para que te sirvan de inspiración:

1- Antes de la entrevista.

A- En general, los entrevistadores percibimos con claridad cuando el candidato ha **preparado** la entrevista. Es una clara muestra de ilusión por la oferta de trabajo.

B- **Recaba información** sobre el sector, la empresa, el puesto, organización, ventas, beneficio, plantilla, organigrama y los valores de la organización.

C- Repasa y ten fresca la **descripción de la posición**, la oferta de empleo. Resulta desalentador escuchar en la entrevista…

— Esto, please, por favor, s'il vous plait, como participo en varios procesos a la vez. ¿Me podrías recordar esta oferta de qué trata? ¿De qué va?

¿Crees que esto transmite entusiasmo? ¿Que te favorece? Con una frase de este tipo, ¿las probabilidades aumentan o disminuyen? ¿Qué te parece?

D- Adjunta una **carta de presentación** al currículum, lo soliciten o no. Bien redactada y específica para la posición a la que optas. Por favor, no un copia-pega, que por desgracia suele ser lo habitual.

A propósito de la carta de presentación y los portales del empleo. Cuando publico una oferta de empleo en un portal de empleo, tipo infojobs y similares, todas las inscripciones a la oferta que no han adjuntado una carta de presentación, las elimino, no las tengo en cuenta. Todas sin excepción.

¿Por qué? Muy sencillo. ¿Qué entusiasmo transmite un candidato por esa oferta de trabajo cuando ni tan siquiera adjunta un "copy-paste" como carta de presentación? ¿Merece la pena dedicarle tiempo?

Sugerencia. Incluye siempre una carta de presentación específica para el puesto y la empresa a la que optas. Demuestra ilusión por la propuesta profesional.

E- Remite un **currículum individualizado**. Haz que se note que remites un "traje a medida", un historial profesional hecho de manera específica para ellos, para esa oferta de empleo.

Destaca de tu historial aquéllos aspectos que pueden resultar interesantes al destinatario. Deja claro que tu currículum no es un copia-pega, que no remites el mismo para todos los procesos de selección a los que optas.

F- Contesta rápidamente las llamadas al móvil, a los emails y a los whatsapps.

Causan una excelente impresión los candidatos que responden rápidamente. Lo contrario no te favorece. ¿Estás buscando trabajo porque no tienes o quieres cambiar?

Tu móvil es tu oficina. Es tu centro de operaciones. Actúa con profesionalidad y rapidez. Contesta a las llamadas antes de 3 tonos. Si no puedes contestar al móvil ten activado el buzón de voz.

G- A lo largo del proceso de selección si te solicitan que remitas información, del tipo que sea, por ejemplo, que envíes en pdf tu currículum actualizado, o bien que contestes un cuestionario, o que realices test en una plataforma online, o grabes una video entrevista. Hazlo cuanto antes.

La rapidez puede indicar tu nivel de entusiasmo por la propuesta laboral. Imagina que a dos candidatos a las 16:00 les solicitamos que nos envíen su currículum actualizado en pdf y un breve cuestionario cumplimentado. ¿Resultado?

KO. Envía la información 7 días después, tras 168 horas y tras recordarle que por favor la remita.

— Perdona por la tardanza, es que no he tenido tiempo. He estado muy liado... la prima segunda por parte de padre tuvo un dolor de muelas asimétrico y vascular...

OK. Envía la información esa misma tarde. A las 19:00. En **3 horas.**

Estimado lector. ¿A quién le otorgamos el **Oscar al entusiasmo**? ¿Qué te parece? ¿Qué harías tú?

El candidato que actúa con rapidez a lo largo del proceso de selección, el entrevistador lo interpreta como una muestra de entusiasmo y profesionalidad.

2- Durante la entrevista.

A- Sonríe, muéstrate agradable y de trato fácil. Te ayudará.

Sonreir es tu arma de contratación masiva.

B- Realiza preguntas al entrevistador, sobre la empresa, sector, posición, plan de carrera, formación…, con ello demuestras entusiasmo, ganas e interés. En cambio decir...

— Nada, ninguna pregunta. Lo tengo todo claro.

¿Crees que demuestra interés? Dada la importancia de este tema lo veremos en un capítulo específico.

C- Ejecuta **speeches preparados y convincentes** a las 3 preguntas abiertas claves y más importantes de la entrevista. ¿Cuáles son? Las veremos más adelante. Tranquilo.

D- Practicar la **adulación sincera.**

— ¿Cómo? ¿Tengo que hacer la pelota? ¿No habíamos quedado que nos gustaba la meritocracia? ¿Ahora me tengo que dedicar a la adulocracia?

No, no tiene nada que ver con pelotear. A todos nos gusta que cuando hacemos algo bien recibamos un sincero reconocimiento. Escuchar frases tipo…

— Buen trabajo.

— Has hecho esto de maravilla, eres un crack.

— Da gusto ver como te esfuerzas y lo resolutivo que eres.

Oír este tipo de afirmaciones dedicadas a nuestra labor y desempeño nos gusta, motiva y hace que nos esforcemos más.

En una entrevista comentar, halagar de manera sincera los aspectos que nos gustan de la empresa, del sector, del puesto, decir por qué nos motiva esa oferta de empleo, sin lugar a dudas el seleccionador lo apreciará y le resultará grato oírlo.

Indica, por tu parte, entusiasmo y ganas. Insisto, funciona solo si se nota una legítima y honesta **sinceridad.**

E- **Sé positivo**, transmite optimismo, muéstrate como un conseguidor, deja claro que tu eres, sin lugar a dudas del club de los:

No te preocupes y ya está. Conseguido.

No hay nada más agotador y que queme más energía que la gente negativa. Personas que solo ven problemas. Nunca soluciones. Les das una solución y rápidamente buscan un nuevo problema. Su reino es:

— Esto ya se ha hecho.

— Nada, eso aquí no funciona.

— Eso que dices no sirve, es perder el tiempo.

Resulta extenuante trabajar con gente con semejante carga de negatividad.

Cuando tengo una avería en casa llamo a Nacho, se trata de un excelente profesional, un "manitas" que hace las típicas chapuzas y no tan chapuzas. Trabaja muy bien. Cada vez que le comento algo, él siempre, siempre, siempre me responde:

— Carlos. **NO TE PREOCUPES.**

Trabajar con colaboradores así da gusto. Deja claro que eres un "polo positivo" :)

F- Calidad e idoneidad de la información. La información de calidad, toda aquélla que incluye datos, hechos, ejemplos, logros, habilidades, éxitos e información de interés para el seleccionador demuestra ganas e ilusión por tu parte y despertará el interés del entrevistador.

¿Que resulta interesante para el entrevistador e indica entusiasmo por tu parte? Presentarte como la solución a sus problemas. Relata ejemplos de éxitos en situaciones y casos similares sucedidos en tus anteriores trabajos.

Por ejemplo, en un proceso de selección para **profesor de autoescuela,** el candidato **transmite** entusiasmo y el entrevistador apreciará saber la siguiente información:

1- La tasa de aprobados que ha tenido en los últimos 5 años.

2- Cómo motiva a los alumnos que tienen pocas habilidades para conducir o no les gusta.

3- Qué hace para quitar el miedo a conducir a los alumnos noveles.

4- La tasa media de número de horas de prácticas de conducción que tienen que realizar sus alumnos para aprobar.

5- Su disponibilidad diaria y horaria.

En definitiva, información con la que se siente **identificado y le resulta útil para conocer y poder tomar decisiones a lo largo del proceso de selección.**

Los candidatos que transmiten entusiasmo, entusiasman.

Mostrar ganas, e ilusión a lo largo de todo el proceso de selección y especialmente en la entrevista, genera **"ENTUSIASMO CONTAGIOSO"** y pone las probabilidades de ser el candidato contratado a tu favor. No te quepa la menor duda.

No mostrar entusiasmo, no entusiasma.

Tu candidatura se resentirá y tus probabilidades de triunfar en el proceso también. No es imposible que acabes siendo el seleccionado, pero es un serio obstáculo. ¿Merece la pena que corras ese riesgo si el puesto de verdad te interesa?

3- Después de la entrevista.

Tras la entrevista. Mantén la comunicación con el seleccionador en los días posteriores a vuestra reunión, porque también indica entusiasmo e interés.

KO & OK

KO. Se muestra serio, distante, cree que la entrevista es para...

— Contar lo que cuento siempre de mi.

No hay preparación específica de nada, su carta de presentación y el currículum que ha remitido es el mismo que envía a todas las ofertas de empleo. El consabido copia y pega.

Aquí te imprimo, aquí te envío. Tal cual.

OK. No pierde ninguna oportunidad de irradiar entusiasmo y motivación a lo largo de todo el proceso de selección. Antes, durante y después de la entrevista. Siempre.

Ideas clave
1- La entrevista es una transferencia de entusiasmo. El seleccionador tiene que ver con absoluta claridad que para ti lo más importante en este momento y a nivel profesional es su propuesta, el puesto al que optas. Cada poro de tu piel debe irradiar entusiasmo, si no lo percibe tu candidatura decaerá.

2- Talento es **saber y querer.**
Altas dosis de entusiasmo son un claro indicativo de **querer**, de tener ganas y de desearlo. De las opciones que hemos visto para transmitir entusiasmo haz tuyas aquéllas con las que te identifiques. Cuantas más, mejor. Aplica el mayor número posible. Ésto te pone en excelente posición frente a otros candidatos.

El secreto del éxito es el entusiasmo

3- Crea tu "ENTUSIASMÓMETRO". Mide el grado de motivación que la oferta de empleo te genera.
El entusiasmómetro será mayor o menor en función del esfuerzo que estés dispuesto a realizar en el proceso de selección. Es un excelente test para ver si realmente te ilusiona, o no, esa posición.

Buscar empleo requiere esfuerzo y energía, de las opciones que hemos visto enumera cuántas estás dispuesto a hacer, ¿3 ? ¿10? ¿Todas? Ahí tienes cuantificado tu grado de entusiasmo por la oferta de empleo.

Hacer vs. Conseguir

¿Eres de los que intentan o de los que consiguen?

Bien, ya tenemos interiorizada la definición completa sobre qué es un proceso de selección y una entrevista de trabajo. Ahora vamos a ir un paso más allá, procedamos a escanear la mente del seleccionador.

¿Qué pasa por su cerebro? ¿Qué piensa a lo largo de todo el proceso de selección? ¿Qué se pregunta y trata de averiguar? Le inquietan los siguientes aspectos:

— Quiero saber cuál es tu **desempeño.** Qué consigues. Qué solucionas. Qué logras. Qué aportas. ¿Eres un hacedor o un conseguidor?

— ¿Estoy ante un **activo valioso**? ¿Eres alguien capaz de solucionar nuestros problemas y que nos permita dormir tranquilos? ¿Eres de hacer o de lograr?

HACES o CONSIGUES

Es un error enfocarnos como candidatos solo en lo que hacemos, porque es incompleto. La información que de **verdad** necesita saber el seleccionador de ti es:
1- ¿Eres un profesional capaz de solucionar problemas?
2- ¿Estoy ante un conseguidor? ¿Obtienes resultados? ¿Alcanzas metas?
3- ¿Nos harás ganar dinero? ¿Serás capaz de aportar valor a la cuenta de resultados? ¿Obtener más ingresos o reducir gastos?

Los candidatos **OK**, se muestran como:
1- Solucionadores de problemas.
2- Conseguidores.
3- Ganadores.

Los **candidatos OK** hablan de sus logros y éxitos. Consiguen transmitir una imagen más creíble y profesional.

¿Qué hacen la mayoría de los candidatos en sus currículums, perfiles en redes sociales y en las entrevistas? Cuentan **qué hacen, qué han hecho** y **qué harán**. Rara vez transmiten su desempeño, éxitos y logros.

Reto
¿Quieres una **prueba irrefutable**? ¿Sí? Es fácil, muy fácil. Te desafío a que entres ahora mismo, **ya,** en Linkedin.

Lee los primeros 10 perfiles con los que te tropieces, los que quieras, escoge al azar y comprueba cuántos relatan lo que consiguen, sus éxitos, los problemas que solucionan y cuántos indican **solo lo que hacen.**

¿Lo has hecho? ¿Convencido? ¿Cuál ha sido el resultado? ¿10 - 0 a favor de los hacedores?

¿Quién tendrá más posibilidades de ser contratado? ¿El candidato que comunica qué **soluciona** y enumera sus éxitos? ¿El candidato que comenta solo qué hace?

— Hey, yo facturo, cobro, coso, peino, piloto, juzgo, opero, chuto, lanzo, arbitro o transporto.

Muy bien, pero el responsable del proceso de selección necesita saber, **qué bueno eres** facturando, cobrando, cosiendo, peinando, pilotando, juzgando, operando, goleando, encestando, arbitrando o conduciendo, para poder tomar una decisión informada sobre tu candidatura.

El entrevistador no quiere saber solo qué has hecho. Quiere averiguar **qué eres capaz de conseguir**, de obtener y de solucionar. ¿Cuál es tu nivel de desempeño y tus logros?

Idea clave

El candidato OK tiene que saber identificar **qué problemas** se dan en el puesto de trabajo al que opta, qué preocupa a la organización y presentarse como la solución. **Es el solucionador.**

Muéstrate como un **solucionador.** No solo como una **hacedor**

Los **profesionales OK** se dedican a obtener, conseguir y solucionar problemas. En cambio, los trabajadores mediocres, los **KO** deambulan **haciendo sin conseguir objetivos**, sin solucionar y justificándose cuando no obtienen resultados.

— He intentado, he hecho, estoy haciendo, haré...

A todos nos gusta trabajar con colaboradores del tipo: **"NO TE PREOCUPES y YA ESTÁ"**. Profesionales que cuando les pides algo transmiten tranquilidad (no te preocupes) y tiempo después muestran eficacia (ya está). Todos queremos tener a nuestro lado personas así.

Recuérdalo y muestra a lo largo de todo el proceso de selección que tú eres un conseguidor y un solucionador.

Ideas clave
1- **Creencia errónea.**
El proceso de selección es para conocerte y saber qué has hecho. Es erróneo por incompleto.

2- **Creencia verdadera.**
El proceso de selección es para saber **qué puedes conseguir** para la organización. Cómo ayudas a ganar dinero. Qué problemas eres capaz de solucionar. Cómo mejoras la cuenta de resultados. (Incremento de clientes, ahorro de costes, clientes satisfechos, reducir errores, ahorro de tiempo, mejorar la eficiencia, incrementando comunidad en redes sociales...).

3- No trata. Sí trata.
No trata solo de lo que **haces**, has hecho o harás.

Sí trata sobre qué puedes conseguir y **solucionar.** ¿Que puedes lograr para nosotros? ¿Cómo nos vas a hacer ganar dinero? Todo esto sí importa. Sí es relevante para el seleccionador.

4- Sé un Orfidal. Sé un proveedor de tranquilidad. Como candidato eres un suministrador de paz, sosiego, demuestra que contigo dormirán **tranquilos, porque eres un "conseguidor".**

Se busca

¿Qué buscan todos los Directores de Recursos Humanos?

"La actitud es una pequeña cosa que hace una gran diferencia."
Winston Churchill

En septiembre del 2021 gestioné un proceso de selección de **export manager** (director de exportación), para una empresa de productos electrónicos educativos situada en la provincia de Barcelona.

El cliente estaba dispuesto a realizar la primera entrevista por videoconferencia para comodidad de los participantes. Evitaban los 100 km del desplazamiento.

Todos los candidatos hicieron esa primera entrevista por skype, salvo Luis que nos comentó...

— No me importa ir y hacer la entrevista presencial..., prefiero acercarme, nos vemos, seguro que transmito mejor, de verdad. Esta oportunidad profesional es muy importante para mi...

Luis fue el único candidato que tuvo la primera entrevista presencial, hizo los 50 kms de ida y 50 kms de vuelta. Uno a uno.

El proceso continuó, las entrevistas se fueron sucediendo, hubo una terna finalista de candidatos y la decisión fue hacer una oferta de trabajo a Luis. Propuesta laboral que aceptó.

¿Por qué fue Luis el candidato seleccionado? ¿Era el candidato más cualificado? Había otros candidatos que a priori, por experiencia y logros parecía que tenían un mayor encaje con el puesto, pero Luis los desbancó por ganas y motivación. Su QUERER fue imparable y triunfó.

Luis, además de ser un excelente profesional, demostró desde el primer momento **ganas, ilusión y motivación.** ¿La decisión fue acertada?

Desde el primer día Luis ha superado todas las expectativas puestas en él, mes tras mes alcanza los objetivos de exportación y apertura de nuevos mercados.

Aprovecho para mandarte a través de estas líneas un fuerte abrazo Luis y darte la enhorabuena por todos tus éxitos. Sigue transmitiendo cada día esa ilusión y esa fuerza que te caracterizan.

¿Qué buscan los seleccionadores?
Si preguntamos a los directores de recursos humanos, gerentes, empleadores en general, contratadores, profesionales de recursos humanos, CEO´s, directores de escuela de negocios de prestigio…

¿Qué buscáis en selección? La inmensa mayoría dirá…

*"Queremos incorporar **"TALENTO"** a nuestra organización."*

Cierto, estamos de acuerdo, pero…

¿QUÉ ES EL TALENTO?

Talento es una de las palabras que más escuchamos. Es usada hasta la extenuación, en todo tipo de contexto, oímos hablar de

…gestión del talento, talento joven, talento extraordinario, talento como habilidad, talento humano, talento oculto, cazatalentos, talento emprendedor, talento digital…

Aclaremos primero qué NO ES TALENTO

Muchas veces cuando hablamos o pensamos en el talento y en personas talentosas visualizamos a los Michael Jordan, Da Vinci, Mozart, Picasso, Cervantes, Nikola Tesla…, pero todos éstos son **"GENIOS"**. Personas con **habilidades excepcionales**, únicas e irrepetibles. No es la definición de talento que manejamos en las organizaciones.

Ronaldo, Messi, Nadal y Marie Curie son genios.

SÍ ES TALENTO

Una persona tiene talento cuando **SABE** y **QUIERE**. La suma de estos dos ingredientes: **SABER** y **QUERER**, hacen a la persona talentosa.

En una entrevista de selección, como candidatos, tenemos que demostrar que tenemos el talento necesario para ser tenidos en cuenta y ser contratados. Que sabemos y queremos.

¿Qué es saber y qué es querer? Sigue leyendo mi talentoso lector...

1- Saber: Poseer la formación y experiencia necesaria. Engloba habilidades, competencias, experiencia, éxitos profesionales, logros, conocimientos y formación.

2- Querer. Es actitud positiva. Es **motivación, ilusión y entusiasmo** por trabajar en esa organización, puesto y proyecto. El candidato tiene que mostrarse como un solucionador, un conseguidor, una persona positiva, proactiva, comprometida y **capaz de crear un excelente ambiente de trabajo.**

El profesional con la **actitud adecuada, positiva** y con **empuje MULTIPLICA los resultados.**

Este es el talento que buscan los seleccionadores en los candidatos. Profesionales que saben y que quieren trabajar en la organización y en el proyecto que representan. Tienen claro que la **actitud adecuada** (querer) dispara los resultados.

La actitud positiva lo es todo. Las empresas quieren trabajar con colaboradores que digan **"no te preocupes y ya está"**, personas resolutivas, conseguidoras y proactivas.

¿Qué es ser proactivo? Un amigo mío define de manera gráfica, muy gráfica, qué significa, a su juicio, ser proactivo.

— **Ser más de so que de arre.**

— Carlos, es mejor tener que parar a la gente que tener que empujarla — insiste.

En definitiva se trata de contar con personas que aporten la actitud positiva adecuada, porque esas ganas, ese empuje, esa fuerza es imparable, contagiosa e incrementa los resultados.

Tener candidatos que saben mucho pero que **no quieren será un fracaso.** Si no tienen la actitud necesaria acabará en fiasco. Seguro.

Como candidato debes demostrar que tienes el **talento necesario.** Que sabes. Tienes la formación, experiencia, habilidades y conocimientos necesarios, y **quieres**, porque posees la actitud correcta, aportas motivación, ganas, interés e ilusión.

KO & OK

KO habla en la entrevista solo de su formación y experiencia. Qué sabe y dónde ha estado trabajando. Transmite información incompleta.

OK deja clara su motivación, ganas, ilusión por colaborar en el proyecto, comunica su formación (educación, estudios) y experiencia, destacando los éxitos, logros y, el dinero que ha hecho ganar a sus anteriores empleadores.

Ideas clave

1. Las empresas buscan profesionales que **quieren y saben.** Esto es el talento desde el punto de vista de la gestión de personas.
2. Debes comunicar de forma clara en la entrevista tu **motivación, ganas e ilusión** por el proyecto, puesto y empresa, demuestra que tienes la actitud y el compromiso necesario. La actitud positiva y adecuada multiplica los resultados.
3. **No** debemos **confundir** genialidad con **talento.** El talento es alcanzable por tod@s a base de las **3 P′s: Preparación, Práctica y Perseverancia.** Ser como Messi solo es posible en la PlayStation, me temo :)

PARTE II: LAS CLAVES DEL ÉXITO

Autoconocimiento

Conócete para darte a conocer

"Hay tres cosas que son extremadamente duras: el acero, el diamante y conocerse a uno mismo."

Benjamín Franklin

Difícilmente vas a transmitir al seleccionador quién eres y lo bueno que eres, si no has hecho un esfuerzo de autoconocimiento realizado desde la sinceridad.

Exprimete y averigua cuáles son tus puntos fuertes, débiles, tus valores, habilidades profesionales, competencias laborales, formación y éxitos cuantificados.

Tienes que tener claro quién eres, cuál es tu esencia y qué puedes aportar a la organización.

Con toda esa información tienes que crear…

Tu jugada ganadora. Tu trío, póker o full.
Qué valor aportas.

En los juegos de mesa hay combinaciones de cartas que indican altas probabilidades de ganar. En el caso del poker cuando tienes un trío, un póker o un full (trío y pareja).

De cara a la entrevista tienes que tener definida cuál es tu combinación ganadora. Tus triunfos son tus habilidades, conocimientos y logros (éxitos).

Esa combinación es tu jugada ganadora. Revélate como un activo valioso, un profesional digno de confianza y solucionador.

¿Qué eres? ¿Una pareja? ¿Un póker? ¿Un trío? ¿Un full? ¿Escalera de color?

Depende de la baza de cartas que seas capaz de "combinar y jugar" tus probabilidades de ser el candidato ganador de la partida serán mayores o menores.

"La mayor sabiduría que existe es conocerse uno mismo."

Galileo Galilei

Aviso

Mis conocimientos sobre juegos de cartas son mínimos, utilizo el ejemplo del póker como herramienta narrativa, pido disculpas anticipadas por las barbaridades que pueda decir poniendo ejemplos basados en este juego.

Sigamos... las veo... :)

Idea clave

En la fase de preparación de la entrevista, tienes que crear tu combinación ganadora, desde el autoconocimiento.

Detecta cuáles son tus 3, 4 ó 5 superpoderes, habilidades, logros, éxitos, tus principales fortalezas que hacen que destaques como el profesional competente que necesitan y están buscando.

A lo largo de la entrevista repite tu trío, póker o full varias veces, como un mantra.

En los mensajes publicitarios de radio, los expertos en marketing saben que es necesario repetir **3** veces el mismo dato del anunciante para que cale y sea recordado.

Esta información puede ser un número de teléfono, quizás una dirección o el beneficio principal del producto.

Insisto, repite **3** veces tu mano ganadora a lo largo de la entrevista.

Cuando hayas transmitido **3** veces tu baza ganadora, tu esencia y superpoderes, a partir de ese momento, el mensaje ha calado y el entrevistador lo ha interiorizado.

Idea clave
Tu jugada ganadora tiene que transmitir tu esencia y qué aportas.

Veamos seis ejemplos de mano ganadora de profesionales que conozco, bien porque los he entrevistado o han sido alumnos en alguno de los programas formativos que imparto.

Ejemplo 1. Cajera. Esta profesional tiene un Póker. En la entrevista comunica la siguiente información…

Quién es. Su esencia.

1- Tiene 6 años de experiencia.

2- Formada en Carrefour.

3- Tiene flexibilidad horaria.

4- Domina la mecanografía, tiene 300 pulsaciones por minuto.

Qué valor aporta. Este profesional, con su mano ganadora, transmite las siguientes fortalezas, habilidades y logros. El empleador percibe…

1- Tiene 6 años de experiencia. Comunica que domina este puesto tras 72 meses de desempeñarlo.

2- Formada en Carrefour, prestigiosa multinacional de la distribución. Es la número 2 del mundo (tras Walmart). Invierte importantes recursos económicos en formación. Sabe moldear excelentes profesionales.

3- Aporta flexibilidad horaria. Planificar una línea de cajas de un híper, es muy difícil. Existen innumerables variables que afectan, algunas son más o menos predecibles, por ejemplo, influye que llueva, haga sol, frío o calor, televisen un importante partido de fútbol, alerta por coronavirus, bajas médicas imprevistas en la plantilla…

Tener una cajera que indica que tiene disponibilidad horaria y cierta flexibilidad, ayuda a solucionar el problema que tienen los responsables de líneas de caja para cubrir el servicio cuando surgen imprevistos.

4- Poseer 300 pulsaciones por minuto señala rapidez y exactitud en el manejo del teclado. Menos errores y más velocidad. Clientes satisfechos porque hacen el check out rápido.

Ejemplo 2. Productor de programas de Televisión. Este profesional tiene un Full. En la entrevista transmite la siguiente información…

Quién es. Su esencia.

1- Ha creado más de 200 spots para Tv´s nacionales y autonómicas en España y más de 100 vídeos institucionales, industriales y corporativos.

2- Ha producido 10 documentales de gran formato para TV autonómicas, nacionales e internacionales.

3- Poseedor de premios internacionales. Galardonado con 3 Premios internacionales. 2 Delfines en Cannes y 1 en New York.

4- Ha producido 3 series documentales de TV para cadenas autonómicas, nacionales e internacionales.

5- Gestionado presupuestos de más de 50 millones € en producciones audiovisuales como productor, creador y director.

Qué valor aporta. Este candidato comunica las siguientes ideas sobre sus fortalezas, habilidades y logros (así lo percibe el entrevistador):

1- Aporta gran experiencia como productor, realizador y director, al gestionar 200 spots publicitarios, 100 vídeos institucionales y 10 documentales.

2- Cantidad y calidad, tiene 3 prestigiosos premios internacionales, 2 otorgados en Cannes y 1 en New York.

3- Acostumbrado a gestionar proyectos dotados con importantes presupuestos, con eficacia, honestidad y calidad.

4- La suma de todas estas fortalezas imprime en la mente del seleccionador la imagen de un profesional exitoso.

Ejemplo 3. Técnico Administración de personal. Tiene un Póker

Quién es. Su esencia.

1- Tiene 20 años de experiencia en departamentos de personal en varias empresas y en diversos sectores.

2- Experiencia en 3 programas de gestión: A3nom. Sap RRHH. HR Access.

3- Habilidad como mecanógrafa: 320 pulsaciones por minuto.

4- Licenciada en Relaciones Laborales.

Qué valor aporta. La candidata tiene un póker de habilidades y fortalezas:

1- Posee suficiente experiencia. Controla todas las áreas de administración de personal, nóminas, cotización, tributación (renta)...

Ha trabajado en varias empresas, ha visto distintos sectores, variada problemática, diferentes convenios colectivos de aplicación, la imagen que se hace el seleccionador es que se trata de un profesional con gran bagaje. Muy bien.

2- Conoce y domina los principales programas de gestión de administración de personal: A3nom, Sap RRHH y HR Access. Si la empresa maneja otro distinto, no hay problema, se adaptará rápidamente, la estructura de este tipo de programas es muy parecida.

3- Tiene 320 pulsaciones por minuto, transmite la idea de rapidez y agilidad.

4- Posee titulación universitaria en Relaciones Laborales. Emite una imagen de preparación. Ha sabido esforzarse para obtener una titulación universitaria. Tiene potencial de crecimiento dentro de la organización. Genial.

Ejemplo 4. Piloto de aerolínea. Tiene un Full

Quién es. Su esencia.

1- Ex-Piloto Militar.

2- Posee licencia comercial. Easa Licence.

3- Acumula 3.540 horas de vuelo en total. 1.250 horas en caza de combate F-18.

4- Habilitado para pilotar aviones Boeing, modelos: B737 y B767.

5- Nivel de Inglés B2.

Qué valor aporta. Este candidato con su full ganador comunica las siguientes fortalezas:

1- Formado como piloto en el ejército del aire. Fue piloto militar.

Los pilotos militares son los mejores fruto de un duro, caro e intenso entrenamiento.

Historia de la historia
El **15 de enero de 2009**, se produjo un **accidente aéreo,** un amerizaje de emergencia en el río Hudson en Manhattan. El heroico piloto evitó una tragedia, salvó la vida de 160 personas.

El aviador que obró el milagro fue durante 10 años piloto de combate de la Navy. Tenerlo al mando de la aeronave sí que fue un regalo de navidad para los 160 pasajeros del **vuelo 1549 - US Airways.**

2- Posee la licencia que le habilita para volar y está en vigor.

3- Tiene suficiente número de horas en total, además buena parte de ellas como piloto de combate.

Los pilotos de combate son la élite de la élite, te garantizan respuestas como la que tuvo Sully, el piloto del amerizaje en el río Hudson, y salvar vidas.

4- Está habilitado para pilotar modelos Boeing 737 y 767.
5- Nivel suficiente de inglés para comunicarse con la torre de control y garantizar la seguridad aérea.

Ejemplo 5. Ingeniero civil. Posee un Póker.

Quién es. Su esencia.

1- Tiene 29 años de experiencia en dirección y gestión de obras de diferentes envergaduras y tipologías.

2- Aporta experiencia internacional y bagaje multicultural. Ha trabajado 2 años en Suiza, 6 en Francia, 1 en Alemania y 20 en España.

3- Idiomas. Francés nativo. Bilingüe en español. Inglés nivel C1.

4- Disponibilidad Geográfica Internacional.

Qué valor aporta. Su póker de habilidades y fortalezas indica:

1- Acumula 29 años liderando y gestionando infraestructuras civiles, obras públicas de distinta tipología y tamaño.

2- Experiencia internacional en Francia, Suiza, España y Alemania. Conoce distintas mentalidades y formas de trabajar. Ha sabido adaptarse.

3- Posee un excelente dominio de idiomas. Tiene capacidad para comunicarse en tres idiomas.

4- Tiene disponibilidad internacional. Está dispuesto a fijar su residencia allí donde esté la infraestructura de obra civil que deba gestionar. Aspecto éste muy valorado por las grandes constructoras.

Este póker ganador, crea la imagen en el seleccionador de profesional con amplia experiencia, acostumbrado a diferente tipología de infraestructuras, experiencia multicultural, excelente nivel de idiomas: Inglés, español y francés, y dispuesto a desplazarse a cualquier continente. Wow.

Ejemplo 6. Camionero. Su jugada es un Full

Quién es. Su esencia.

1- Tiene 12 años de experiencia. Permisos en vigor: C, E, D y B.

2- De ellos, 7 años en transporte internacional por el norte de Europa en invierno.

3- Dispone de los 15 puntos del carnet. Todos.

4- Puntualidad en la entrega y recogida de mercancía. Sin multas.

5- Tiene conocimientos de mecánica. Se ha formado en mecánica de motores de camión.

Qué valor aporta. Nuestro candidato camionero posee un excelente trío de habilidades y fortalezas:

1- Al seleccionador le transmite la idea de poseer suficiente experiencia.

2-Además, buena parte de ella fue adquirida transitando por carreteras con climatología extrema. Transportando mercancía por rutas con temperaturas que pueden llegar a 40 grados bajo cero.

Ha conseguido salir airoso de multitud de problemas fruto de la climatología adversa (ventiscas, heladas, hielo en la carretera e imponentes nevadas)

3- Tiene todos los puntos de su carnet de conducir. No ha cometido, en el pasado reciente, infracciones que le penalicen con descuento de puntos.

Indica altas probabilidades de ser un conductor responsable y respetuoso con las normas de circulación.

4- Sabe lo importante que es entregar la mercancía con puntualidad y cumplir los plazos pactados. Lo es para su empresa y por supuesto para el cliente.

Pone todo de su parte para que así sea, sin infringir las normas del código de circulación.

5- Le gusta la mecánica desde que era pequeño. Determinados problemas mecánicos en ruta puede solucionarlos sin necesidad de asistencia técnica.

Ser capaz de solucionar incidentes mecánicos le ayuda a ser puntual y tener clientes satisfechos.

KO & OK se presentan a un proceso de selección de enfermera:

Enfermera KO
— Mis fortalezas para ser enfermera es que soy resolutiva, buena trabajadora, aprendo rápido y soy muy responsable.

Enfermera OK. Aporta el siguiente valor…
— Destaco de mi carrera profesional:
- Tengo 11 años de experiencia, de ellos 5 en urgencias hospitalarias y 6 en quirófano de cardiología.
- Dispongo de movilidad geográfica nacional.
- Tengo cero sanciones por mala praxis a lo largo de mi carrera profesional.

Ideas clave
1- Crea tu mano ganadora. Compón tu trío, póker o full de fortalezas, habilidades, conocimientos, éxitos, logros y responsabilidades.

Crea una jugada triunfadora capaz de captar la atención del seleccionador y generar una imagen positiva de ti en la mente del seleccionador.

2- Tu trío, póker o full tiene que ser de **"ALTO IMPACTO"**. Lo es cuando son la solución a los problemas que tiene la empresa en el puesto al que optas.

En la preparación de la entrevista, tienes que:

A- Investigar. Los problemas que preocupan a la organización.

B- Destacar. De tu carrera profesional las 3, 4 ó 5 fortalezas y habilidades capaces de solucionar sus problemas.

3- Tu trío, póker o repóker te sirve de base de apoyo para contestar de forma argumentada y convincente diversas preguntas que te hará el entrevistador.

Es información poderosa. Aprovéchala.

4- Recuerda que para que una idea arraigue y eche raíces en la mente del seleccionador debes repetirla a lo largo de la entrevista mínimo 3 veces, aprovecha todas las oportunidades o créalas.

Sé listo, di el mismo mensaje con palabras similares.

5- Tu objetivo a lo largo del proceso de selección y en la entrevista es demostrar que eres un profesional único y valioso que va a solucionar los problemas del puesto, conseguir los objetivos y mejorar la cuenta de resultados. Plásmalo en tu jugada ganadora.

6- Con tu mano ganadora indicas qué, quién eres y lo que puedes conseguir para la organización.

A lo largo de la entrevista tendrás que demostrar lo bueno que eres. Lo veremos. Sigue leyendo.

Preparación

"El éxito depende de la preparación previa, y sin dicha preparación seguramente habrá fracaso."
Confucio

"La preparación, he dicho a menudo, es con razón dos tercios de cualquier empresa."
Hilary Swank

El 20 de mayo de 1992, el FC Barcelona ganó la Copa de Europa. Entró en el selecto club de los ganadores de esta competición.

La final la disputaron el **FC Barcelona** y la **Sampdoria**. Minuto 111, **Ronald Koeman** se dispone a lanzar una falta. Suelta un zapatazo desde fuera del área que perfora la portería de Pagliuca. Es el 1-0. No hubo más goles. El FC Barcelona obtiene su primera Copa de Europa y **Ronald Koeman** se convierte en el **"Héroe de Wembley"**.

Ronald Koeman ha sido uno de los **mejores tiradores** de faltas de la historia del fútbol. Este gol. ¿Fue fruto de la buena suerte? ¿Acaso se conjuraron los dioses del olimpo en la pierna derecha de Koeman para batir a la Sampdoria? Ni el azar y tampoco la suerte tuvieron nada que ver.

No, Ronald llevaba años preparándose para este momento. Koeman después de cada entrenamiento, cuando el resto del equipo se retiraba a los vestuarios, se quedaba en el campo tirando faltas. Colocaba una barrera metálica y chutaba una vez, otra vez, otra vez, otra vez y otra vez.

Además, también entrenaba en el gimnasio la fortaleza de sus piernas con ejercicios específicos para potenciar su musculatura, para que los lanzamientos fuesen cada vez más potentes y que el balón adquiriese una velocidad que lo hiciese imparable.

¿Resultado? **En el momento de la verdad,** fruto de esas miles de horas de **preparación y práctica,** tirando faltas y con los ejercicios en el gimnasio, triunfó e hizo triunfar a su club.

El FC Barcelona **"CONTRATÓ"** su **1ª Copa de Europa** :)

La preparación es la base del éxito.

En este capítulo vamos a ver los 11 temas que debes preparar antes de la entrevista para que pongas los cimientos de tu éxito y logres destacar sobre los otros candidatos competidores.

Pero, lo primero es lo primero. El peor consejo que puedes oír es...

— ¡Oye! ¡Escucha! Ve a la entrevista y **sé espontáneo,** ... total ... se trata de hablar de ti..., para qué te vas a preparar, es contar lo tuyo...

Cada vez que escuches ésto, huye y vete lejos, muy lejos. Es el peor consejo que pueden darte, por muy bien intencionado que éste sea. Probablemente busca tranquilizarte. En fin, corre cada vez que lo oigas.

¿Vas a dejar tu futuro profesional y personal en manos de la suerte? ¿De lo ocurrente que estés ese día? ¿Sí? ¿En serio?

Sé espontáneo desde la preparación. No desde la improvisación.

Los "espontáneos" cuando al final el puesto es para otro candidato suelen entrar en fase de autocompasión y proclamar...

— Ese puesto era mío...

— Clavaba el perfil...

— Era yo en la descripción...

— El entrevistador ese no tiene ni idea…

— Qué sabrá él…

En innumerables ocasiones el candidato descartado tendrá razón y el entrevistador no ha hecho bien su trabajo, pero este manual trata de ti y de cómo ayudarte a ser el mejor en las entrevistas.

Un candidato que no prepara a conciencia la entrevista, o hace una mala preparación por desconocimiento, está poniendo las probabilidades de éxito en su contra. No le encuentro sentido.

No te preocupes, este libro en general y este capítulo en concreto son para que sepas qué materias es importante que prepares intensamente, a fondo y poner las probabilidades a tu favor.

¿Cómo actúan los ganadores? **Se PREPARAN,** tal como hizo Ronald Koeman. Los ganadores se hacen, se fabrican y la materia prima es la preparación.

Final del mundial de fútbol 2010, España - Holanda. ¿**Vicente del Bosque** preparó o improvisó la final con su equipo?

Cualquier **equipo deportivo de élite** que llega a la final de su competición, ¿no se prepara adecuadamente para ese evento? El entrenador estudiará al contrario, sus tácticas, puntos fuertes y débiles, motivará al equipo, decidirá la estrategia, ensayará jugadas, verá vídeos del rival…

El **6 de junio de 1944,** el día del "Desembarco de Normandía", el conocido como **Día - D,** te imaginas a Eisenhower que decide cruzar el canal con sus **133.000 hombres,** cerca de **7.000 buques, 11.500 aviones** y sobre la marcha ver qué atacar, dónde desembarcar y qué lugares bombardear. ¿Que opinas? ¿Mejor improvisar en una operación de este calibre o que haya una ardua y meticulosa preparación?

¿O al **Director General** de una empresa del Ibex 35 asistir a la junta general anual de accionistas y ser "espontáneo"? ¿Acudir a la cita sin haber preparado y ensayado su discurso? Es impensable.

¿Una Directora de Recursos Humanos asistiendo a una reunión de negociación del convenio colectivo con el comité de empresa sin prepararla?

La entrevista es tu gran final, tu junta de accionistas, tu desembarco de Normandía, tu reunión con el comité de empresa. De su preparación, práctica y ejecución dependen tus **probabilidades de éxito.**

Una matización y aclaración. Nada, absolutamente nada garantiza el **100% de éxito**, pero una adecuada preparación pone las probabilidades a tu favor, se acercarán a ese 100%, pero nunca hay garantía absoluta de éxito.

Si un penalti lo lanza Messi o un servidor, las probabilidades de gol en el caso de Messi serán cercanas al 100% (ojo, a veces ha fallado). En mi caso rondarán el 2%, quizás el 3% porque hasta un reloj roto acierta la hora 2 veces al día.

Los profesionales exitosos, que tienen talento, lo son porque se **preparan y practican.** En este capítulo vamos a hablar de la preparación para la entrevista de trabajo.

Idea clave
El candidato o la candidata que ha preparado de manera adecuada la entrevista, se nota y el entrevistador lo aprecia. Esta preparación indica "QUERER", motivación por el puesto y la oportunidad profesional. Son puntos a su favor.

Recuerda que **la preparación lo es todo.** En el ámbito del deporte profesional se insiste en el siguiente mensaje…

Juegas como entrenas.

Si entrenas **sin esforzarte**, con desidia y dejadez, hay altas probabilidades que juegues con **apatía**, indolencia y que pierdas.

En cambio, **entrenando duro**, con esfuerzo, sacrificio, un día y otro, **eres competitivo**. Las posibilidades de ganar se ponen a tu favor, porque juegas con ardor y con **ímpetu**.

La preparación y la práctica para la entrevista es tu entrenamiento. De cómo te ejercites, las probabilidades de salir ganador o perdedor en el proceso de selección estarán en mayor o menor medida a tu favor.

Los **12 temas** que tienes que preparar antes de la entrevista para disparar tus probabilidades de éxito son:

1- Escribe un **listado de aspectos** que debe saber de ti el **entrevistador.** Todos los que a tu juicio crees que te favorecen y que a lo largo de la entrevista debes transmitir. Por ejemplo:
- Experiencia relevante. Qué has hecho y qué has conseguido.
- Ejemplos de logros y éxitos en tu carrera.
- Formación reglada. Universidad, FP, Máster … … …
- Formación específica para el puesto al que optas, cursos.
- Idiomas, nivel, estancias en el extranjero.
- Habilidades, competencias, qué haces bien.
- Aficiones…

2- Descubre y ten claro cuáles son tus **habilidades y superpoderes**. Tu mano ganadora, tu póker, trío o repóker. Dedicamos un capítulo a este tema.

3- Crea tu **listado de la credibilidad.** Redacta una relación de ejemplos, éxitos y logros profesionales que dejan claro lo excelente profesional que eres. Más adelante dedicaremos un apartado a esta importante materia.

4- Lee con detenimiento y varias veces la descripción de la oferta de empleo. Recopila la información del puesto al que optas:
- Problemas que debe solucionar.
- Dependencia.
- Situación de la posición en el organigrama.
- Qué buscan.
- Qué les preocupa.
- Qué piden ….

5- Investiga la **empresa**. Recaba información de los siguientes temas:
- Del sector y de la competencia.
- Productos, surtido y catálogos.
- Facturación.
- Plantilla.
- Tendencias del mercado.

6- Investiga los **valores,** conjunto de creencias compartidas en esa organización, para ver si encajas allí, si vas a ser "feliz" profesionalmente.

Compara tus valores con sus valores. Si para ti es importante la honestidad y la justicia, ¿tendrías encaje en una organización acusada continuamente de prácticas ilegales y corruptas?

7- Investiga al investigador (también conocido como entrevistador). ¿Sabes quién te va a entrevistar? Busca información de él en LinkedIn y en otras redes sociales (facebook, twitter, instagram y twitch).

Saber de él o ella, ver su foto, te da ventaja y quizás también tranquilidad. Te puede dar la posibilidad de activar el **efecto halo.** ¿Qué es el efecto halo? Lo veremos más adelante, tranquilo…

8- Prepara los **speeches a las 3 preguntas** abiertas más importantes de una entrevista. Practica las respuestas.

—Hey, Carlos. ¿Cuáles son estas tres preguntas? Tranquilo, más adelante las estudiaremos.

Decide qué ideas quieres transmitir en el resto de preguntas que veremos, con detalle, en la **Parte V**. Prepara también las respuestas y practica hasta lograr la **espontaneidad**.

Recuerda, ser espontáneo desde la improvisación es asociarse con el fracaso, en cambio, ser espontáneo desde la preparación y la práctica te aproxima al éxito.

9- Qué **palabras** debes evitar decir en una entrevista porque te perjudican. Dedicamos también un capítulo a este importante asunto.

10- Elabora un listado con un mínimo de **5 preguntas** que harás al entrevistador. También dedicamos un apartado específico a este importante aspecto.

11- Temas logísticos. Cómo llegar, ropa a llevar...

12- Cierre de la entrevista. Sí, también lo veremos.

Cualquier otro aspecto que consideres necesario preparar antes de la entrevista. Hazlo.

Dada la importancia de estas materias dedicamos a la gran mayoría de cada una de ellas un capítulo específico.

KO & OK

KO. Entrena con desidia o directamente no entrena. No se prepara.

OK. Se prepara, entrena duro cada uno de los 12 aspectos enumerados.

Ideas clave

1- La **preparación** es la clave del éxito en cualquier faceta de la vida.

2- Es preferible plasmar por escrito toda esta información. Cuando escribimos **reflexionamos** más y podemos repasar.

3- La preparación te da una **ventaja competitiva** frente a los otros candidatos. Dispara tus probabilidades de éxito. No escatimes tiempo. Empléate a fondo. Entrena duro.

4- En la entrevista sé espontáneo tras una dura preparación. No desde la improvisación.

Practicar

"La práctica no es lo que uno hace cuando es bueno. Es lo que uno hace para volverse bueno."

M. Gladwell

"No es un don. Nadie me lo dio. Soy bueno porque practico."

Juego de Tronos

Drazen Petrovic, es una de las mayores leyendas del baloncesto mundial. Jugó como profesional en La Cibona de Zagreb, Real Madrid y Portland (NBA). Ostentaba el mejor porcentaje de aciertos en tiros libres. No había otro igual. Era todo un seguro desde la línea de tiros libres, en especial en los electrizantes últimos segundos cuando la igualdad reinaba en el marcador.

Janez Drvaric quien fuera su entrenador en La Cibona de Zagreb afirma de **Petrovic:**

— Ni mucho menos fue el jugador más talentoso, pero sí puede asegurar que fue **el más trabajador** durante toda su carrera formativa y profesional…

— Antes del entrenamiento con la Cibona, realizaba una **hora y media** de trabajo individual, por la tarde de nuevo después del entreno oficial, hacía otra **hora más** de trabajo individual…

— Para Drazen era obligatorio **lanzar 500 tiros libres al día, todos los días…**

El jugador con **mejor porcentaje** de tiros libres de la historia, cercano al **90%** de aciertos, lo fue porque **entrenaba duro,** lo hacía todos los días durante **150 minutos** más que el resto de su equipo y lanzando **500 tiros** libres cada jornada. Gracias a esta ardua preparación y **práctica** alcanzó el éxito.

La habilidad de lanzar tiros libres en una cancha de baloncesto la tienen todos los jugadores. Drazen fue un talento portentoso por su actitud ganadora, por querer esforzarse, entrenar más y mejor todos los días. ¿Resultado? 90% de aciertos desde la línea de tiro libre.

Insisto. Lo que hizo de Drazen Petrovic una estrella **no** fue su técnica baloncestística (habilidades), sino **su actitud** entrenando más y mejor que el resto de jugadores (**querer**).

Idea clave
Los talentos lo son por su actitud. Entrenan duro, más que el resto y fruto de ese ensayo mejoran sus habilidades. Practican una y otra vez, incansablemente, de esa forma cuando llega el "Momento de la Verdad", cuando se la juegan, triunfan, tienen éxito y ganan.

Como candidato, para poner las probabilidades a tu favor, tienes que preparar la entrevista y **practicar.**

¿Qué debes practicar para la entrevista? Los siguientes aspectos:

- Preparar y repasar una y otra vez toda la información que el entrevistador debe saber de ti, aquello que necesita conocer para decidir sobre tu candidatura.
- Tus **speeches** (respuestas breves y brillantes) a las 3 preguntas abiertas más importantes, donde te la juegas. Las veremos más adelante. Practica también cómo vas a enfocar el resto de preguntas más habituales en las entrevistas.
- Saber responder a las preguntas **incómodas, impertinentes y pertinentes (lo veremos)**
- Cualquier otro aspecto que creas que debes practicar para "ganar" la entrevista.

Aclaración

Cuando hablo de **practicar respuestas** no me refiero aprender de memoria una parrafada y contestar como si de un examen oral se tratase. No, practicar para la entrevista es **tener claras qué ideas quieres transmitir** y decirlas con las palabras que surjan en ese momento.

No se trata de recitar, no es un examen con un temario a memorizar. Es una reunión entre profesionales. Actúa como tal.

KO & OK

KO. No practica, es espontáneo *"se trata de mi, me conozco, mi, me, yo…"*

OK. Practica con intensidad. Quiere ser el Drazen de las entrevistas.

Ideas clave

1- Los profesionales exitosos lo son por su **preparación y práctica**. Tienen claro que el triunfo se fundamenta en la perseverancia.

2- Practica una y otra vez tus speeches (discursos breves). Di en voz alta las ideas que quieres transmitir en la entrevista. Utiliza la grabadora de tu móvil para mejorar tu discurso. Grabas, escuchas y corriges. Vuelves a grabar…

3- Recuerda. El cementerio laboral está lleno de espontáneos, personas que desprecian la preparación y la práctica. Descansen en…

El secreto de la credibilidad en las entrevistas

"Los ejemplos son diez veces más útiles que los preceptos."
Charles James Fox

"Las palabras son enanos. Los ejemplos son gigantes."
Proverbio suizo

Los ejemplos consiguen hacer creíble nuestro discurso en las entrevistas.

Decir expresiones de tipo — Soy excelente en… y similares, están al alcance de cualquiera y abuuuuuuuurren. No te diferencias. No aportan mucho.

En cambio, el ejemplo, la historia, el acontecimiento bien contado, no hastía, capta la atención del seleccionador y dispara tu credibilidad.

En la fase de preparación de la entrevista debes elaborar un listado de ejemplos que aporten verosimilitud a tu discurso.

Estos ejemplos, estas historias de éxito, son tu storytelling, te hacen creíble a los ojos del entrevistador.

Visualicemos con varias simulaciones de entrevistas la comparación entre **ser** y **convencer**. Veamos varios ejemplos, nunca mejor dicho.

KO y **OK** nos echan una mano:

Proceso de selección de **Arquitecto** para una empresa constructora.

KO
— Soy trabajador, responsable y cumplo los plazos. Caiga quien caiga.

OK
— Teníamos que entregar el proyecto básico para la construcción de un conjunto residencial de 94 viviendas.

— Me había comprometido a entregarlo en un determinado plazo, estuve los últimos **5 días** trabajando **10-12 horas diarias.** Estuvo a tiempo. Lo entregamos en el plazo pactado.

¿Cuál de los dos candidatos resulta más creíble?

Técnico de Marketing Online.

KO
— Soy muy bueno haciendo publicidad en Facebook.

OK
— Para la empresa ZZZ ejecutamos campañas de publicidad en Facebook ads, obtuvimos unas conversiones de "VVV", ventas por un importe de "€€€€€€€€", incrementamos el número de fans en WWW, fueron unos excelentes resultados. Me felicitó Miguel Ángel, el Director de Marketing y mi jefe.

Cirujano Cardiovascular.

KO
— Cuando entro en el quirófano me transformo, me convierto en el Dios del bisturí.

OK
— En mis **50** últimas operaciones a corazón abierto en el hospital San Agustín la tasa de supervivencia y recuperación ha sido del **83%**, cuando la media es del **72%**, la operación exitosa por difícil y complicada, pero que salió muy bien, fue…

Estimado lector, ojalá no sea necesario, pero si lo fuese, ¿quién preferirías que te operase del corazón? ¿El Doctor KO o quizás la Doctora OK? :)

Entrevista para cubrir un puesto de Consultor de Selección.

KO
— Soy excelente haciendo selección, acumulo muchos años realizando entrevistas de trabajo.

OK
— En un proceso de selección habitual, de media, analizo 125 entre currículums y perfiles en LinkedIn.

— Entrevisto a 9 ó 10. El cliente ve entre 3 y 5 candidatos y, contrata a uno de la terna de candidatos presentados en el 85% de los procesos. Por encima del 93% de los contratados supera el periodo de prueba.

En estos casos el candidato OK pone **ejemplos** de su trayectoria profesional. Cuantifica lo que ha hecho. Gana en credibilidad. Sus probabilidades de oír "contratado" se disparan.

Decir **"soy muy bueno** como arquitecto, técnico de marketing, cirujano o consultor de selección" está al alcance de cualquiera, es de **candidatos KO´s**. No nos hace nada creíbles. Sí lo hacen "LOS EJEMPLOS". Tus historias de éxito.

¿Cómo relatar ejemplos? Hay una técnica de oratoria que resulta excelente para narrar este tipo de ejemplos en las entrevistas o en cualquier otro ámbito profesional. Se trata del método **P.A.R**:

Problema. Acción. Resultado

1- Problema: Pasó esto o queríamos obtener esta meta…
2- Acción: Hicimos…

3- Resultado: Obtuvimos, logramos...

Siguiendo con el ejemplo anterior de **Técnico de Marketing Online:**

1- Problema. Queríamos evitar que las ventas siguiesen estancadas. Llevábamos 3 meses con esta situación.

2- Acciones. Llevamos a cabo las siguientes tareas:

2.1- Invertimos 3.500 € en publicidad en **Facebook Ads.**

2.2- Realizamos una **segmentación** de población, por intereses, sexo y geográfica. Aplicando lo que habíamos descubierto en nuestros **análisis previos.**

3- Resultado. Logramos incrementar las ventas **45.000€**, supuso un incremento del **23%** en comparación con el mismo mes del año anterior. El resultado neto mejoró el **14%**

El candidato a técnico de marketing online que traslada este ejemplo en la entrevista, ¿gana en credibilidad? Sin lugar a dudas, a partir de aquí el entrevistador hará más preguntas técnicas para contrastar datos y comprobar la verosimilitud de la historia. Querrá saber detalles, en especial si el entrevistador es el director del área.

KO & OK

KO: La base de su discurso en comentar: "soy …muy…excelente…bueno…"

OK: Busca la credibilidad a base de poner ejemplos, de "DEMOSTRAR".

Ideas clave

1- Recuerda que la entrevista trata de lo que **tú puedes conseguir para la organización**, qué problemas solucionas y cómo vas a hacerles ganar dinero. Poner ejemplos de los éxitos profesionales de tu pasado, en los que tú has sido protagonista, te proporciona un plus de credibilidad.

2- La técnica de oratoria **PAR. Problema Acción. Resultado.** Es tu mejor aliada. Utilízala. **Sin divagar.** Al grano.

3- Los ejemplos con **cifras, cuantificando**, disparan tu credibilidad. No olvides relatar qué hiciste, qué acciones acometiste para obtener esos resultados y qué resultados obtuviste.

Efecto Halo I. Primera impresión

Primera impresión. Primera opinión. Siempre No lo olvides

Una **investigación** realizada en EEUU en 1974 probó que los jurados eran más indulgentes con individuos mejor vestidos y más atractivos que con otros que habían cometido el mismo delito, y comparecían peor vestidos y eran menos atractivos.

En este estudio, en más del 80% de las ocasiones, la apariencia física y el modo de vestir influyó en la decisión del jurado.

Este estudio de 1974 dictaminó que los jurados tenían tendencia a concluir que:

"Si el procesado es atractivo, tiene que ser un buen ciudadano y respetuoso con la ley."

El efecto halo en psicología del comportamiento pone de manifiesto la importancia de la **primera impresión que causamos,** y lo difícil que es poder modificarla. Es una de las consecuencias del llamado **efecto halo.** Juzgamos a las personas por la primera impresión que nos causan, por su apariencia física y por cómo visten.

Es vital generar una primera impresión positiva. Marcar un tanto a favor y no tener que jugar contra el marcador.

El efecto halo puede ser un **sesgo,** sucede cuando construimos la imagen de una persona solo en base a su apariencia agradable, basada en ir bien vestido, ser atractivo y mostrarse elegante, y en base a esta conclusión tomamos una decisión de selección.

¿Por qué sucede esto? Porque nuestro **cerebro toma atajos,** rellena los huecos, llega a conclusiones rápidas con la información inicial, sin la necesidad de analizar todos los datos a su alcance, una especie de modo "**ahorro de energía**".

Por todo ello, ¿es importante cómo nos vestimos para una entrevista de trabajo? Sí. Es **VITAL**.

Los expertos en **marketing** saben que, en general, cuando una persona atractiva es la cara visible de una marca, su valor se dispara.

Una persona resulta **atractiva** por muchos motivos, su apariencia, belleza, carácter, educación, oratoria, estilo, éxito profesional, ser deportista de élite, poseer un modo de vestir elegante…

En nuestro caso, como candidatos en un proceso de selección, debemos resultar atractivos por nuestra apariencia y causar una excelente primera impresión y **primera opinión**.

Es cierto que un buen seleccionador no se debe dejar influir por este sesgo, tiene que ser capaz de **sopesar toda la información** a su alcance, valorar y considerar todo lo averiguado a lo largo del proceso de selección, **sin tomar atajos**. La realidad es que no siempre sucede.

Tenlo en cuenta y sopesa siempre si la primera impresión que vas a dar te favorece.

Recuerda: **Primera impresión. Primera opinión. Siempre**

Hablemos de estilismo

Cómo vestir para la entrevista de trabajo

A principios del siglo XX, en Londres, acudieron cuatro periodistas a la mansión de un afamado político británico.

El mayordomo abrió la puerta y vió a los cuatro periodistas, el representante del **Financial Times** con traje y corbata, y otros tres periodistas de diarios sensacionalistas con ropa "casual", de la época. El mayordomo anunció…

— Señoría vienen a verle un **caballero del Times** y tres periodistas.

Al mayordomo le causó una excelente primera impresión y primera opinión el periodista del Financial Times, en su opinión, iba correctamente vestido para la reunión con su jefe, en consecuencia le dió tratamiento de caballero, a los otros tres no, con perdón.

Tu objetivo es causar una excelente primera impresión. Siempre.

¿Cómo ir vestido a la entrevista? Depende del puesto, empresa y sector.

Una primera apreciación. La forma de vestir para la entrevista, no siempre tiene porqué coincidir con cómo irás vestido cuando te incorpores.

Ejemplo
En el supuesto de una entrevista para el puesto de buzo de una plataforma petrolífera, la vestimenta tendrá como objetivo causar una excelente primera impresión y primera opinión favorable a los intereses del candidato y al final del proceso de selección escuchar...

— ¡CONTRATADO! como submarinista, empiezas a trabajar el lunes.

En cambio, el lunes trabajando de buzo en la plataforma petrolífera la forma de vestir deberá ser la adecuada para desempeñar el trabajo en el fondo oceánico, que es un ecosistema distinto al de una entrevista en un despacho enmoquetado.

El buzo no debe asistir a la entrevista con escafandra, neopreno y bombonas, debe vestir de tal manera que genere una excelente **primera opinión, no una primera inmersión.**

Historia de la historia
Cuando trabajaba de jefe de personal de hipermercado hice una entrevista a un candidato para el puesto de reponedor, para reforzar la plantilla de cara a la campaña de Navidad.

El candidato, un chico joven, se presentó con traje y corbata, algo inusual en los aspirantes a este puesto.

Tras las presentaciones y comentarle lo que buscábamos, le pregunté por este hecho que me había llamado la atención.

— Jesús. ¿Por qué has venido a la entrevista de reponedor trajeado? Es algo poco habitual.

— Carlos, quiero causar una excelente impresión, esta entrevista es muy importante para mí.

— Estoy estudiando en la universidad, becado, el dinero me vendrá muy bien, en mi casa no nos sobra — contestó.

— El hecho de venir con traje y corbata es para que quede claro lo transcendental que es para mi esta entrevista …

¿Causó una primera impresión excelente? Provocó una primera, una segunda y una tercera impresión extraordinarias.

Fue brillante a lo largo de toda la entrevista, lo contratamos, los hechos corroboraron que era un gran trabajador, comprometido, buen compañero, generoso en el desempeño y proactivo.

Jesús continuó después de la campaña de navidad trabajando a tiempo parcial los fines de semana, de manera que pudiese compaginar el trabajo con sus estudios universitarios.

Importante

1- Estudia el **código de vestimenta** de la empresa, si es más o menos formal.

2- Con una empresa tecnológica probablemente no es necesario vestir con excesiva formalidad, en cambio con corporaciones del Ibex 35, entidades del sector financiero, consultoras tradicionales y despachos de abogados, sí que debes vestir de manera formal.

Busca imágenes en Google, analiza fotos de su plantilla. ¿Cómo visten? ¿Sport, traje, mangas de camisa…? Recopila información visual.

3- Pregunta en LinkedIn a contactos que trabajen allí, indaga sobre cómo suele ir la gente a las entrevistas, qué esperan y cómo creen que causarás una excelente primera impresión.

Adáptate a las circunstancias, porque las circunstancias no se adaptarán a ti.

En todas las ocasiones:
- Teniendo en cuenta el código de vestimenta, elige ropa con la que te sientas seguro, cómodo y triunfador.
- La noche anterior decide qué ropa llevar y déjala preparada.
- Si tu ropa necesita limpieza en tintorería, llévala tras la entrevista, te aseguras tenerla limpia para la siguiente.

- Comprueba que tienes los zapatos limpios la noche anterior, si no es así ...
- Antes de entrar en la entrevista apaga el móvil o ponlo en silencio.
- No masques chicle, deshazte de él antes.
- ¿Tatuajes? Quizás es preferible que los tapes.

KO & OK

KO

— No hago mucho caso al código de la circulación, como para hacer caso al de vestimenta.

...lo importante es ser yo mismo, ser espontáneo, la ropa es sólo fachada, no pierdo el tiempo...

OK
Tiene como objetivo, vestir para causar una primera impresión y primera opinión favorable. Poner el marcador a su favor...

...después quiere seguir generando una excelente segunda, tercera impresión con una oratoria brillante, ejemplos, información útil, relatando logros...

Ideas clave
1- La 1ª impresión genera una 1ª opinión. Siempre.

2- Infórmate del código de vestimenta de la empresa, sector, zona geográfica y obra en consecuencia.

3- Conjuga cumplir el código de vestimenta, cómo se espera de ti que vayas vestido, con elegir prendas que te hagan sentir cómodo, seguro y exitoso.

4- También ayuda a causar una excelente primera impresión, **sonreir**, ser puntual, ser amable, agradable y educado.

"Una sonrisa significa mucho. Enriquece a quien la recibe, sin empobrecer a quien la ofrece. Dura un segundo pero su recuerdo, a veces, nunca se borra."

Charles Chaplin

Efecto Halo II. Minimizar

Qué es y la importancia de saber activarlo

El efecto halo puede tener otro sentido. Significa que **cuando atribuimos a un candidato aspectos positivos podemos minimizar los negativos.** Puede ser un sesgo que el seleccionador debe evitar, no tiene que dejarse influenciar por este hecho.

¿Es algo nuevo? No, el efecto halo lo aplicamos desde nuestra más tierna infancia, siempre que alguien nos cae bien, es nuestro amigo del alma, le perdonamos todas sus barrabasadas.

El antónimo al efecto halo es el **efecto Horn,** es lo contrario, cuando se detecta en un candidato **aspectos negativos**, que nos incomodan o desagradan, tendemos a **minimizar los positivos.**

Desde que somos pequeños y empezamos a socializar, si alguien no nos era grato, sólo con que respirase nos molestaba. No lo soportábamos.

A título de curiosidad, algunos de los **sesgos** que pueden llevar a errores en selección son:

1. Efecto halo
2. Efecto horn
3. Primera impresión inamovible
4. Extensión
5. Sesgo de la confirmación

El conocimiento y análisis de los sesgos en las entrevistas es otra historia que veremos en otro momento. Sigamos con nuestro amigo. El llamado efecto halo.

Un buen profesional de selección está entrenado para que estos sesgos no influyan en su decisión. Sea neutral y emita juicios objetivos, pero la realidad es que se pueden producir decisiones sesgadas, por eso debes conocerlos, para que el efecto **halo** juegue a tu favor y el **horn** no te penalice.

Como candidato te favorece *"caer bien"* al entrevistador, crear feeling y ganar su estima.

Es bueno que vea un elevado número de **aspectos positivos** en ti, porque como hemos visto si el seleccionador cae en el efecto halo y detecta aspectos positivos, es posible que minimice los negativos.

Hay numerosos estudios que concluyen que cuando el seleccionador considera que el candidato es atractivo o agradable, es más probable que también lo vea inteligente y competente. Insisto, esa conclusión es errónea.

El entrevistador tiene que llegar a la resolución de que el candidato es inteligente y competente tras analizar específicamente esos aspectos no por algo que nada tiene que ver como es resultar atractivo y mostrarse agradable.

En cualquier caso, sé un candidato listo. Haz que el **efecto halo** juegue a tu favor. ¿Cómo caer bien al seleccionador? No es posible saber qué activa en cada persona "caer bien".

Hay muchas opciones, veamos algunas de ellas, a título de ejemplo.

Relación de aspectos positivos que debes transmitir de ti, y que quizás alguno de ellos active el efecto halo en el entrevistador:

1- Repasa las propuestas que hemos visto en el capítulo: **El ingrediente secreto que cautiva.**

Interioriza que demostrar entusiasmo, siempre es positivo y te va a beneficiar. Es posible que alguna de estas propuestas active el efecto halo.

2- Muéstrate agradable y educado. Hazlo desde que sales de casa, e incluso antes, en todo momento a lo largo del proceso de selección. No sólo en la entrevista.

Nunca se sabe quién está observando o va a opinar sobre tu candidatura. Ésto sirve tanto para el mundo offline y online. Cuidado con lo publicado en redes sociales.

Dos historias de la historia
Primera. Estaba en Córdoba **entrevistando a periodistas** cuando trabajaba como Director de Personal en un grupo de prensa escrita diaria.

A mitad de mañana hice una pausa y bajé a la calle a tomar un café en un bar cercano. Mientras estaba en la barra coincidí con otro cliente que se comportó con la camarera de forma desagradable, fue soberbio y maleducado, y sí lo has adivinado, se trataba del siguiente candidato que iba a entrevistar. ¿Qué imagen causó en mí? Muy negativa.

Este suceso no activó en mí el efecto horn, pero dió información sobre claros indicios y altas probabilidades de ser una persona con un carácter irascible, que se altera con facilidad y de tener un comportamiento que puede generar un ambiente de trabajo tóxico.

Un hecho ajeno a la entrevista, proporcionó información que generaba una duda razonable respecto a la idoneidad del candidato para el puesto.

Segunda. En los procesos de selección de **auxiliares de enfermería** para residencias de tercera edad, hago, a propósito, que los candidatos esperen en recepción unos minutos.

¿Por qué? Quiero ver el comportamiento que tienen con los residentes, cómo interactúan con ellos cuando no se sienten observados, si les sale con naturalidad ser cariñosos, amables, educados, sonríen, si muestran cercanía y dulzura.

Una vez que he finalizado la entrevista pregunto en recepción cómo se ha mostrado el candidato con los residentes.

Si me trasladan que se ha mostrado impaciente, huraño o desagradable, ese profesional no puede trabajar en nuestra organización, prefiero que lo contraté la competencia.

¿Es ser duro? No, es profesionalidad. Un auxiliar de enfermería tiene que realizar las funciones propias del puesto siendo cariñoso, cercano, con paciencia, mano izquierda con los residentes y mostrándose agradable en todo momento.

"Conozco la auténtica valía de mis oficiales en los detalles, porque para las grandes ocasiones todos nos vestimos con nuestras mejores galas."
Napoleón Bonaparte

En la barra del bar, en la recepción de una residencia, en Facebook y en los comentarios en redes sociales, **vemos los detalles** de los candidatos, información útil para tomar decisiones. Todo cuenta, para bien o para mal. Tenlo presente.

Idea clave
Selección de personal es todo. Desde la información típica y habitual proporcionada por los documentos y soportes habituales manejados en el proceso: currículum, cartas, perfil, videocurrículum, entrevistas y pruebas específicas.

Hasta la información obtenida en redes sociales o fruto de la observación cuando el candidato no se siente evaluado. Todo es relevante y puede influir en tu candidatura a favor o en contra.

3- Identificación entre candidato y entrevistador. Las cosas en común que compartes con el seleccionador, como haber estudiado en el mismo colegio o universidad, edades similares, mismas aficiones, practicar similares deportes o haber vivido parecidas experiencias… pueden activar el efecto Halo.

Tener vivencias compartidas es uno de los mayores disparadores del efecto halo, cuanto más singular sea más posibilidades hay de activarlo.

¿Habéis hecho los dos el Camino de Santiago? ¿Os gusta el aeromodelismo? ¿Practicas esgrima? ¿Hacéis voluntariado para la Cruz Roja, o en el refugio de animales?

Cualquier punto de conexión que compartáis puede ponerlo en marcha. En los perfiles del entrevistador en redes sociales, de acceso a todo el mundo, puedes encontrar valiosas pistas sobre qué le gusta hacer en su tiempo libre. ¿Coincidís en algo? ¿Los dos hacéis parapente? ¿Ajedrez? ¿Real Madrid? ¿Valencia CF? ¿NBA? ¿Esquí?

Ideas
A- En tu currículum incluye un apartado sobre aficiones, hobbies y voluntariado. Cada uno de estos temas puede ser un activador del efecto halo.

B- Investiga al entrevistador en redes sociales, LinkedIn, Facebook y Twitter. ¿Qué le mueve? ¿Qué opina? ¿Qué hace los fines de semana? Te ayudará a descubrir coincidencias. En el momento oportuno de la entrevista dilo. Transmite entusiasmo por esa faceta de tu vida.

4- Identificación entre **logros y éxitos** del pasado con necesidades del contratador.

Nada puede activar más el efecto halo que el entrevistador escuche que has solucionado en el pasado los problemas que ellos tienen en el presente.

Relata tus éxitos profesionales anteriores, qué has solucionado, cómo has hecho ganar dinero en tus anteriores empleos, y haz que coincidan con sus necesidades, con los problemas que tiene el empleador en su organización.

5- Sonríe siempre, desde que sales de casa para ir a la entrevista, una sonrisa sincera y agradable, muestra confianza, autoestima, simpatía, muchas veces es contagiosa, transmite sensaciones positivas, indica interés por el puesto y entusiasmo. Todo ésto solo con sonreír.

Historia de la historia
En mi época trabajando en la Gran Distribución (hipermercados) en las formaciones que impartimos a las cajeras que se incorporaban a trabajar les preguntamos, ¿para qué os ha contratado Carrefour?

Contestaban, para cobrar, atender a los clientes, manejar dinero, cuadrar caja…

— Cierto, todo esto es verdad, pero sobre todo **contratamos sonrisas**, que seáis **amables** con los clientes.

— En la mayoría de las ocasiones vosotras sois la única persona de la organización que contacta con el cliente. Es imprescindible que se lleven una buena impresión.

6- Puntualidad. No serlo causa una imagen negativa, no es que active el efecto horn, significa: Out, strike y eliminado. Ser puntual es neutro, se espera que el candidato lo sea. No suma.

El entrevistador también tiene que respetar el horario fijado, sin retraso, por educación y respeto.

7- Una imagen personal cuidada. Correctamente arreglado, aseado, bien peinado y sin excederse con la colonia.

Lo normal es que el seleccionador vea a varios candidat@s el mismo día y en el mismo cubículo.

Un exceso de perfume carga la atmósfera y resulta molesto. Ducha, desodorante y unas gotas de colonia fresca es suficiente.

Ojo con oler a tabaco, tú o la ropa, puede activar el efecto horn. Ahora en época Covid-19 la mascarilla tiene que estar correctamente puesta, ajustada y colocada.

8- El optimismo. La gente optimista transmite energía positiva y buenas vibraciones.

Son generadores de un excelente ambiente de trabajo y además es contagioso para el resto del equipo. El optimismo genera confianza.

En cambio, los pesimistas son agotadores y minan las fuerzas.

El pesimismo también es contagioso, puede generar desazón, tristeza y ambiente tóxico. Deja claro que tú eres RH positivo.

9- Sé agradecido. Al terminar la entrevista, en el momento de despedirte, agradece el trato amable, profesional y lo agusto que has estado en la entrevista, le gustará escucharlo al entrevistador.

Recuerda "el halago sincero" gusta a todo el mundo.

Hazlo solo si lo sientes, si el entrevistador se ha mostrado altivo, desagradable y te ha hecho sentir incómodo, no lo hagas. Insisto, tienes que ser sincero.

10- La escucha activa. Cuando habla el entrevistador, escucha asintiendo y sonriendo. Muestra que te interesa y valoras lo que dice.

11- Dirígete al entrevistador por su nombre, muestra cercanía, a todos nos gusta oír que nos llamen por nuestro nombre. Nos hace sentir únicos y apreciados.

Hazlo si estimas que se dan las circunstancias apropiadas. Seguramente no se dan si el entrevistador se dirige a ti de usted y por tu apellido.

Caer bien, como cualquier otra habilidad, se puede y debe entrenar. Haz un esfuerzo para activar el efecto halo a tu favor.

Es una labor que empieza, desde el inicio del proceso de selección, con la redacción de tu currículum, continúa con la entrevista telefónica, entrevista presencial y después de la entrevista. En todas y cada una de las fases del proceso de selección.

KO & OK

KO. No sonríe. Se muestra serio y distante. No ha preparado la entrevista, sigue confiando en su capacidad de improvisación.

OK. Sonríe. Es agradable y educado. Ha preparado la entrevista, anteriormente envió una carta de presentación y un currículum ad hoc, creando documentos específicos y a medida para esta oferta de empleo.

Ha investigado al entrevistador en redes sociales, dónde estudió, puntos coincidentes, sabe sus aficiones y hay dos que coinciden con las suyas. Si surge en la entrevista aprovechará la oportunidad.

Ideas clave

1- El efecto halo en selección de personal significa que cuando el seleccionador atribuye al candidato aspectos positivos tiende a minimizar los negativos.

Un seleccionador profesional debe estar preparado para que este tipo de sesgo no afecte su juicio, pero si sucede, aprovéchalo en tu beneficio.

2- Una entrevista de trabajo tiene como objetivo transmitir información, aspectos positivos de nosotros, si alguno de éstos activa el efecto halo y minimiza lo negativo, bienvenido sea. Aprovéchalo.

3- En el listado de ideas e información que tienes que preparar antes de la entrevista, ten en cuenta el efecto halo y recuerda buscar información en redes sociales del entrevistador.

Logística para la entrevista

"Antes que toda otra cosa la preparación es la clave para el éxito."
Alexander Graham Bell

La preparación de la entrevista incluye aspectos logísticos que debes tener en cuenta, entre otros:

1. Deporte.
Practica alguna actividad deportiva el día anterior, eliminas toxinas, te relaja y facilita el descanso nocturno. Ejercicios como el running, bicicleta, fitness, natación, tenis, paddle... son excelentes y ayudan a liberar la mente.

Algunos de los beneficios de hacer deporte de cara a la entrevista de trabajo, son:
- Genera un excelente buen humor.
- Estás más optimista porque el ejercicio genera endorfinas. Tendrás más confianza en lo que haces.
- Llega la relajación tras la ducha después del duro ejercicio.
- Mejora la concentración, incrementa el flujo de sangre y el del líquido cefalorraquídeo, que actúa como un suministro de sangre al sistema nervioso.
- Elimina el estrés.
- Reduce la ansiedad y la depresión. La práctica de actividades físicas incrementa la serotonina, ayuda a estimular el estado de ánimo positivo.
- El ejercicio fatiga y ayuda a dormir de manera más profunda.

¿No haces deporte de forma habitual? Da un buen paseo, ve a un parque o al campo y oxigénate.

No es aconsejable hacer deporte momentos antes de acostarte, el ejercicio activa el cerebro y podría desvelarte.

2. Dormir bien.

La víspera de la entrevista **duerme bien**. Ir descansado a la entrevista facilita tu agilidad mental.

Si te cuesta dormir antes de una entrevista porque te pones nervioso, procura fijarla por la tarde. Normalmente no tendrás problemas, el entrevistador suele tener un abanico de horas disponibles y le dará igual entrevistarte a las 9:00 de la mañana o a las 18:00 de la tarde.

Si ésto no es posible, no te preocupes, haber hecho bien tu trabajo de preparación de la entrevista, te dará tranquilidad y podrás dormir el suficiente número de horas e ir descansado a la entrevista.

3. Alimentación.

Si tienes la entrevista por la tarde y acudes con el estómago lleno te puede causar somnolencia y pesadez.

Evita los productos que originan mal aliento (cebolla, ajo, brócoli, col, coliflor, atún en lata ...). Come ligero, una ensalada de lechuga, tomate, zanahoria, un filete a la plancha, productos que no provocan una digestión pesada, ni halitosis.

Si comes fuera de casa cuidado con las manchas, esos espaguetis con salsa de tomate son exquisitos pero un arma letal para las camisas y las corbatas.

En mi caso es un milagro no mancharme cuando los tomo, ten cuidado con los platos que contienen salsas, vinagre y aceite. Haz un buen uso de la servilleta.

No genera buena impresión presentarse en la entrevista con condecoraciones en la camisa, jersey, corbata o en la blusa.

4. Higiene personal.

Obvio, siempre que puedas recién duchado, con desodorante aplicado generosamente y ropa limpia.

¿Fumas? que no se note. No huelas tú o tu ropa.

Ojo con los excesos de colonia, porque si el seleccionador tiene programadas varias entrevistas consecutivas en el mismo espacio, puede darse tal mezcla de olores que sea necesario llamar a un equipo contra amenazas biológicas.

5. Puntualidad
Llegar con retraso a una entrevista suele ser irrecuperable, produce una mala, muy mala impresión.

Para evitar retrasos estudia el itinerario y cómo llegar. No vayas con el tiempo justo, date un margen y añade unos minutos para imprevistos.

No obstante, si prevees llegar tarde llama antes de la hora prevista para avisar, quizás consiga de esta manera "hacer un control de daños."

KO & OK

KO
Le ha surgido un tema a última hora y ha llegado "solo" 10 minutos tarde y no ha avisado del retraso.

OK
Ha insistido en tener la entrevista a primera hora de la tarde para descansar lo suficiente y estar fresco. La víspera ha practicado deporte, ha hecho una preparación a conciencia de la entrevista, cree en sus posibilidades, muestra ilusión y por supuesto ha sido puntual.

Ideas clave

1- La víspera de la entrevista de trabajo practica deporte, duerme bien y resetea tu cuerpo con un reparador descanso.

2- Estudia el itinerario. Ve con tiempo suficiente, por si surgen imprevistos, no llegar tarde.

En positivo

Si tu no crees en ti, nadie creerá en ti.

"Una autoimagen fuerte y positiva es la mejor preparación posible para el éxito."
Joyce Brothers

Laura, fue una brillante participante en uno de los programas de empleabilidad que imparto. Tiene una edad que muchos consideran problemática para encontrar empleo, aunque ella y servidor, no lo vemos así.

En el módulo de autoconocimiento, donde estudiamos cómo descubrir nuestras fortalezas, debilidades, habilidades, competencias y valores, con la finalidad de conocernos e incrementar nuestra autoestima.

Laura expuso ante toda la clase su análisis de autoconocimiento. Al final y a modo de conclusión sentenció con rotundidad, optimismo, creyendo en ella y en sus posibilidades…

— Quiero trabajar de gerente en Zaragoza (España) en una empresa de tamaño medio del sector de las telecomunicaciones…

¿Resultado? A las tres semanas Laura nos comunicó que empezaba a trabajar como **"Gerente"** en una empresa distribuidora de soluciones de telefonía para empresas. **¡¡¡Olé Laura!!!**

Si crees en ti y en tus posibilidades. Eres imparable.

Idea clave
Una mentalidad positiva por sí sola no consigue alcanzar tus metas, pero ayuda y es vital para conseguir los objetivos que te has marcado.

Confía en tus capacidades, fortalezas, éxitos, logros, dedica tiempo a la preparación de la entrevista, deja claro tu talento, todo lo que sabes, transmite entusiasmo y ganas por la propuesta profesional.

Afronta el proceso de búsqueda de empleo, con alta autoestima, confiando en tus capacidades, con optimismo y transmite ilusión. Hazlo y estarás más cerca de escuchar: **¡CONTRATADO!**

Tener alta autoestima y creer en ti, es una habilidad que se adquiere, que puedes cultivar, germinar y hacer crecer conociendo tus puntos fuertes, habilidades, logros, éxitos, valores positivos, competencias, en definitiva todo aquello que hace de ti un activo valioso, único y diferente.

Salir derrotado de casa provoca volver humillado.

PARTE III. Oratoria

Oratoria. Aprende a utilizar el poder de la palabra

"El que sabe pensar pero no sabe expresar lo que piensa está al mismo nivel del que no sabe pensar."

Pericles

Idea clave

La oratoria en una entrevista de trabajo, es la habilidad de saber utilizar el poder de la palabra como **aliada** para transmitir de forma brillante información valiosa, relevante y única para persuadir al empleador que está ante el mejor candidato. Es saber expresar que sabes, quieres y eres el talento que busca.

Las palabras tienen poder. Te hacen sentir triste, alegre, asustan, alegran, dan esperanza, desesperanza o aburren.

Da igual lo excelente profesional que seas. Si en la entrevista no eres capaz de transmitirlo con brillantez estás en desventaja frente otros candidatos que dominen esta habilidad.

En función de tu oratoria, de cómo comuniques, puedes hastiar o revelarte como un excelente profesional. Tu mejor aliado son las palabras. Saber crear discursos ganadores.

Los tres Ingredientes para elaborar discursos triunfadores son:

1. **La preparación. Qué decir. El mensaje.** Antes de la entrevista **elabora una lista** con toda la información que debes transmitir de ti (repasa el capítulo de preparación de la entrevista). Enumera todos tus aspectos positivos, experiencia, logros, éxitos, educación/formación, idiomas, IT, habilidades, competencias, fortalezas, ejemplos, casos de éxitos, puntos fuertes y valores.

2. **El método. Cómo decirlo.** Qué técnica de oratoria emplear para cada mensaje y momento. A continuación veremos varias **técnicas de oratoria** ganadoras. Sistemas que harán de ti un specheer digno heredero de Winston Churchill.

Estas técnicas de oratoria te permiten construir un discurso brillante, emotivo y convincente.

3. **La práctica y ejecución.** Juegas como entrenas. Si practicas duro, has ensayado tus speeches, sabes expresarte con breves discursos, evitando divagar, lo haces una y otra vez, el marcador se pondrá a tu favor. La preparación y la práctica te dan soltura y confianza.

Tu preparación, esfuerzo, utilización de las técnicas adecuadas y practicar tus speeches marcarán el resultado de la entrevista. Será brillante o mediocre. Emocionarás o aburrirás. La buena noticia es que solo depende de ti.

"Las personas olvidarán lo que dijiste y lo que hiciste, pero nunca olvidarán cómo las hiciste sentir."

Maya Angelou

Técnicas de oratoria

Técnica I. Principio general

Prohibido aburrir en las entrevistas

"Tengo diez mandamientos. Los nueve primeros dicen: ¡no debes aburrir!"
Howard Hawks

¿Quiénes son los peores candidatos en una entrevista? Los que aburren. Resultan serlo todos aquéllos que:
- Divagan, se enrollan, hablan, hablan y hablan.
- No transmiten información útil.
- No son capaces de demostrar que son la solución a los problemas del puesto.
- No hay identidad entre lo que dicen y lo que requiere la posición.
- No dan ejemplos de su valía, ni de casos de éxito. No resultan ser creíbles.
- Hay que sacarles la información y las palabras con sacacorchos.
- Abusan de los monosílabos.
- Usan palabras manidas, clichés y de manual *"… Hoja de ruta, poner en valor, apalancamiento, sinergias, planificar, empoderar, trabajo en equipo, flexible, trabajador, buen comunicador, entusiasta, me apasiona… "*
- Responden con estereotipos … *"me exijo mucho"…"soy muy, pero que muuuuuuuuuy perfeccioniiiiiiiiiiiiiista".*
- Exhiben un tono soso y plano.
- No muestran entusiasmo, motivación por la propuesta profesional o por la empresa.
- No han preparado la entrevista. Se nota.
- Lideran la clasificación de "**Superaburridos**": Los que balbucean…
    *"como he enviado mi currículum a varios procesos, **no recuerdo** esta oferta. ¿Me podrías explicar….?, "…he leído en diagonal la descripción porque estaba esperando a la entrevista para que me comentes de la oferta, la empresa…"*

Deberíamos crear un copago por la pérdida de tiempo que ocasionan todos estos candidatos.

Sí, de acuerdo tienes razón, también fijaremos otra penalización pecuniaria a los entrevistadores cuando no hacemos bien nuestro trabajo. Ok. Es justo :)

Técnica II. Sistema 2 x 3

No divagar

"Nadie se ha quejado nunca de que un discurso sea demasiado corto."
Ira Hayes

"Mi ambición es decir en diez frases lo que otros dicen en un libro."
Nietzsche

Todos estamos habituados a las **ofertas 3 x 2** de los hipermercados. **"Lleve 3 productos y pague solo 2"**.

En las entrevistas tenemos que **practicar el 2 x 3. Sé brillante en 2 palabras, mejor que en 3**.

No te enrolles, ve al grano, sé breve, sé bueno y el entrevistador lo agradecerá.

KO

— Hoy, 11 de julio de 2010, en esta gran final del mundial de sudáfrica, en la que han participado 32 equipos del globo terráqueo, cuando estamos en el estadio Soccer city, en este apasionante partido que están disputando las selecciones de España y Holanda, el jugador estandarte de la selección española portador del número 6, Andrés Iniesta, acaba de golpear el balón con su pierna derecha, estamos en la segunda parte de la prórroga de este interesante partido, disputamos el minuto 116, el esférico en vuelo raso y directo consigue atravesar los 3 palos de la portería del combinado holandés y acaba de batir al portero Maarten Stekelenburg. Gol de España.

111 palabras + aburrimiento + bostezos

OK

— Goooooooooool de Iniesta!!!. Minuto 116. España hace historia.

8 palabras para emocionar a todo un país

Captas más, mucho más, la atención del entrevistador si eres breve e intenso. Dilo conciso, emociona y no aburras.

El candidato 10, utiliza menos de 10 palabras por idea.

Técnica III. Técnica del semáforo

¿De qué color son mis respuestas?

"Si necesitas muchas palabras para expresar lo que tienes en mente, piénsalo más."
Dennis Roth

"La simplicidad es la mayor de las sofisticaciones."
Leonardo da Vinci

Tu objetivo es ser brillante y emocionar con frases de **menos de 20 palabras**. Este es tu territorio. Entrena esta técnica. Ve al grano. Sin florituras.

La velocidad media de una persona hablando se sitúa entre las **25** y **30** palabras cada **10 segundos**. Tus respuestas, en general, deben durar **menos de 10 segundos**. El entrevistador escuchará todo lo que digas en ese tiempo y la conversación será fluida e intensa.

Técnica del semáforo. Verde. Amarillo. Rojo. El color de tus respuestas.

- **Verde:** Frases de hasta 20 palabras. Vas por el buen camino. ¿He oido verde? ¿Se trata del mismo color del dinero? ¿Coincidencia? :)
- **Amarillo:** Respuestas entre 21 y 40 palabras. Cuidado, pisas terreno peligroso.
- **Rojo:** Más de 41 palabras. Alerta, el bostezo, aburrimiento y la desconexión están en camino.

Técnica IV. Sencillez

Detector de excelentes profesionales

"Entre dos explicaciones, elige la más clara; entre dos formas, la más elemental; entre dos expresiones, la más breve."

Eugeni D'Ors

Los buenos profesionales saben explicar conceptos complejos de manera sencilla.

Si busco un Ingeniero Nuclear y el candidato que entrevisto es capaz de explicar términos complejos como fisión, fusión y la física del plasma de manera asequible, para que alguien de letras como servidor sea capaz de entenderlos, hay altas probabilidades que sea un **excelente profesional.**

A los buenos profesionales les entendemos todo, sea cual sea su disciplina. Dominan hasta tal punto la materia que saben adaptar el lenguaje al interlocutor.

En cambio, cuando el entrevistado se parapeta en un lenguaje indescifrable de jerga, argot, siglas, acrónimos y necesitas un traductor: "Su profesión - Español", porque no le entiendes, causa mala, muy mala impresión. En este caso hay altas probabilidades de que estemos ante un **profesional mediocre.**

¿Por qué se produce ésto? Hay tres motivos:
1. **Inseguridad.** Se atrinchera en la jerga de su profesión para aparentar que sabe más de lo que en realidad domina.
2. **Despiste.** Está convencido que utilizar este tipo de lenguaje exclusivo de su profesión le favorece. Cree que es lo esperado para dejar constancia de su sabiduría.
3. **Snob.** *"Soy guay, a la última y utilizo expresiones estupendas".*

A lo largo de mis estudios de derecho y después de dirección de empresas, a los mejores profesores les entendíamos todo, sus clases eran amenas, entretenidas y útiles.

En cambio, a los profesores grises y mediocres, sus clases resultaban aburridas, indescifrables, sosas y una pérdida de tiempo.

Odié derecho administrativo porque el catedrático que nos tocó era un pésimo comunicador, nefasto, sus clases eran insoportables. Afortunadamente se fue a aburrir alumnos a Madrid.

En 4º de derecho tuve un buen profesor de derecho administrativo, pero mi falta de cariño por esta asignatura ya era irrecuperable, todo por un docente que era pésimo comunicador y mediocre profesional.

Amé derecho laboral, civil, mercantil, procesal, derecho romano e historia del derecho porque los profesores y catedráticos fueron excelentes profesionales, buenos comunicadores, que sabían motivar con sus disertaciones.

Idea clave
Explica siempre conceptos complejos de manera **sencilla,** que los entienda todo el mundo, utiliza un lenguaje **apto para todos los públicos.** Te favorece.

Técnica V. Historias de tu historia

Storytelling

"Los que cuentan historias gobiernan la sociedad."

Platón

Las historias y los relatos son una poderosa herramienta de comunicación. Captan nuestra atención.

El **storytelling** existe desde...
- Adán y Eva. Historia de una manzana.
- Las pinturas rupestres de Altamira. Relatos en 2D.
- Las parábolas de la Biblia. El Netflix de cuando no había Netflix.
- Los juglares, sus relatos, épicas y hazañas.
- Marionetas, titiriteros y cómicos ambulantes.
- Novelas, cómics y poesía.
- Películas de Hollywood. Series de TV.

Idea clave
El 80% de nuestras decisiones son emocionales, según los estudios de psicología del comportamiento. No se basan en sesudas reflexiones fruto de nuestro intelecto.

Contar una buena historia emociona. Nos hace diferentes a los ojos del entrevistador. Permite vivirla y recordarla. Las historias te hacen memorable, recordable y distinto. No ser uno más.

Las mejores historias que puedes contar en una entrevista son las que explican quién eres, qué eres, qué bueno eres, qué te gusta y qué te apasiona.

Pueden ser la respuesta a las siguientes preguntas:
- ¿Por qué quieres trabajar con nosotros?

- ¿Por qué te gusta este sector?
- ¿Por qué eres un buen profesional …?
- ¿Por qué, por qué, por qué…?

Ejemplos de storytelling.

La Tortuga Mariana

Asesoraba a Luisa en su búsqueda de oportunidades profesionales como Directora de Marketing (CMO). La citaron para conocerla una prestigiosa multinacional líder en productos para mascotas.

Luisa es una brillante directiva de marketing, domina el inglés, alemán, español y catalán. Tiene 10 años de experiencia como directora de marketing en prestigiosas multinacionales.

En la fase de preparación, Luisa tenía recopilados brillantes **ejemplos** de éxitos profesionales que aportaban credibilidad a su relato.

Faltaba su storytelling de **anclaje** con el pasado, una historia capaz de crear su vínculo emocional con el sector de productos para mascotas, que la hiciese memorable, recordable y alejarla de ser una candidata más.

— Luisa cuéntame si has tenido tú o tu entorno alguna vinculación con mascotas - le pregunto. Surgió la historia de **"La Tortuga Mariana"**

— Cuando cumplí 5 años, — comenta Luisa — no tenía hermanos, mis padres querían regalarme una mascota, alguien a quien cuidar, pero que no exigiera excesivos cuidados. Llegó **Mariana** una preciosa tortuga de agua, compañera inseparable durante muchos años.

Michi

— Siendo más mayor apareció **Michi,** — continúa relatando Luisa — una preciosa perrita labrador. Me proporcionó más de 10 años de lealtad, cariño, bondad y compañía. Todavía hoy me emociono cuando la recuerdo.

Ya teníamos el anclaje emocional con el sector de las mascotas, Laura realizó con brillantez todo el proceso de selección y escuchó: ¡¡contratada!!

La calculadora mágica

Víctor contactó conmigo para mentorizar su proceso de búsqueda de oportunidades profesionales como **Director de Compras.**

Lo citaron para conocerle en una multinacional del sector fotovoltaico. A priori partía en desventaja, porque en el perfil solicitaban un ingeniero. El resto de requisitos los cumplía.

Tenía experiencia en compras (aunque en otros sectores) y excelente nivel de inglés (C1).

Víctor en la fase de preparación de autoconocimiento había creado un excelente listado de ejemplos ricos en logros, plagados de éxitos cuantificados negociando con proveedores y liderando equipos. Todos ellos daban crédito a su discurso y demostraban su excelente nivel profesional.

Hice ver a Víctor la importancia de buscar a lo largo de su pasado alguna historia que lo vinculase con el sector fotovoltaico. Su anclaje.

Víctor me contó la siguiente historia...

— De pequeño me fascinaba una calculadora que tenía sin pilas — comenta.

— Víctor esas placas grises convierten la luz en electricidad — explicaba mi padre.

Para mí era mágico y me fascinaba. Un día le dije…

— Papá, si tuviésemos muchas plaquitas juntas podríamos iluminar toda la casa y con muchas más toda la ciudad…

— Qué imaginación más desbordante tienes Víctor.

Ya teníamos el storytelling para la entrevista. El anclaje. Su entusiasmo por el sector fotovoltaico desde su infancia.

Supo transmitir este entusiasmo en la entrevista, se convirtió en el flamante Director de Compras y en la actualidad dirige su propia empresa de instalaciones fotovoltaicas. Es un profesional feliz.

Las pequeñas plaquitas grises se han transformado en plantas fotovoltaicas que iluminan las ciudades. Sueño cumplido.

Es el poder de las narraciones. Te permite emocionar y ser recordado.

Las historias que **nos anclan con el pasado**, aquéllas que explican lo que somos por sucesos del pasado son muy poderosas. Siempre que puedas utilízalas.

Las historias emocionan. Nos hacen distintos. Facilitan que nos recuerden.

La familia de mi madre es de León (España). He hecho innumerables visitas guiadas a su preciosa catedral.

El guía siempre explica con todo lujo de detalles información sobre las vidrieras, qué temas representan (storytelling en 2D), detalles sobre su estilo gótico, naves, crucero, columnas...

¿Qué recuerdo de todos estos tours? La leyenda **"El Topo Maligno"**. Era la maldición que asolaba la construcción de la catedral.

El topo destruía por la noche lo que los obreros habían edificado durante el día. Se terminó cuando el pueblo de León dió caza al topo destructor.

También era obligado visitar la Basílica de San Isidoro de León, lo mismo, diversas visitas guiadas a lo largo de los años, con todo tipo de explicaciones. ¿Que recuerdo? El siguiente relato...

En el Panteón de la basílica, se sabe quién está enterrado, pero **no dónde**, porque durante la guerra de la independencia, las tropas francesas durante el saqueo de la basílica cambiaron todas las momias de sus tumbas. Se tiene constancia de quién está enterrado, pero no dónde.

Idea clave
Tendemos a recordar las historias que nos llaman la atención y emocionan. Ese es el poder del storytelling. Ser memorable. Ser recordado.

Con el storytelling podemos relajar un poco la **Técnica del Semáforo**, si tu historia es interesante, tiene ritmo y engancha le puedes dedicar hasta alrededor de 90 palabras (30 segundos).

Tipos de historias que puedes (debes) contar en una entrevista:

1. Historias que cuentan por qué soy lo que soy.
2. Historias que cuentan logros.
3. Historias que cuentan habilidades.

4. Historias que cuentan cómo soy.
5. Cualquier historia que te haga memorable y recordable (en positivo). — Hola, soy Jack el Estrangulador de Val de Arriba. Le voy a contar la primera vez que… … ésta igual mejor la guardamos para "Historias para no dormir" o "La Matanza de Texas 9" :)

Técnica VI. Método P.A.R

Problema Acción Resultado. El Storytelling profesional

"No puedes predicar lo que, con hechos, no puedas ejemplificar."
Mariel Armas

El ejemplo te hace creíble. Es tu pasaporte al reino de la verosimilitud.

Decir: "soy mejor jugador que Messi y Cristiano Ronaldo juntos", "soy el mejor haciendo publicidad en google ads", "soy excelente haciendo selección de personal", "soy magnífico contable", "soy muy bueno liquidando tributos", "soy excelente cobrando impagados", "soy un genio programando en Javascript", "soy trabajador, creativo, me esfuerzo, buen comunicador … … …"

Toooodaaaaaaas estas afirmaciones y similares, basadas en: "**SOY +++**" están al alcance de **cualquiera**, al decirlas, las cabezas no se deforman, los cerebros no explotan, ni la lengua se hincha, pero ...

¿Credibilidad? NINGUNA

La credibilidad hay que ganarla. ¿Cómo? La conquistas con ejemplos. En la entrevista el ejemplo es tu mejor arma para ser creíble.

La técnica P.A.R. Problema. Acción. Resultado. Es el método adecuado que te ayuda a relatar ejemplos de manera brillante y profesional. Consta de tres pasos:

1. Pasó ésto = **P**roblema.
2. Hicimos … = **A**cciones.
3. Obtuvimos = **R**esultado.

Los ejemplos explicados con la metodología PAR son storytelling de ámbito profesional. Historias que dan crédito a la habilidad que manifiestas poseer.

Ejemplo de uso de esta técnica en una entrevista:

1.- Problema: 10% Descenso de las ventas en nuestro ecommerce **gallinasponedoras.com**.
Hemos utilizado **10 palabras**. La frase es de color **verde**. Recuerda la técnica del semáforo. ¿De qué color son mis respuestas?

2.- Acciones acometidas para solucionar el problema:
- Incrementamos 8% el presupuesto de publicidad en Facebook Ads
  Idea transmitida con 9 palabras. Verde. Muy bien
- Mejoramos la segmentación de las campañas en base a intereses.
  10 palabras. Verde
- Publicitamos sólo en territorios que más demandan estos productos.
  9 palabras. Verde

3.- Resultados:
- Disminución Coste por Click, de 0.17€ a 0.09€
  10 palabras. Verde
- Incrementamos las ventas el 15%
  5 palabras. Verde
- Obtuvimos 12% incremento del beneficio, todo un éxito
  8 palabras. Verde

Este ejemplo utilizando la **"Técnica PAR"**, aporta credibilidad. El entrevistador intuye que hay altas probabilidades de estar frente a un excelente profesional.

Cada idea es una andanada de 10 palabras o menos y cada cifra que transmites es un acierto que impacta en la mente del entrevistador.

Una vez más, puedes comprobar que siempre es posible aportar información de **calidad y útil para el empleador, de manera breve y sin divagar.**

De cara a tus entrevistas, prepara ejemplos y explícalos utilizando el método P.A.R. Problema Acción Resultado, en relación a:

- Logros, éxitos.
- Habilidades. Qué realizas bien y haces ganar dinero.
- Actitudes.
- Competencias.
- Cómo solucionaste un conflicto con un integrante de tu equipo.
- Cómo resolviste una situación conflictiva con un cliente.
- Ejemplo de decisión que tuvo un impacto positivo en la organización.
- Tu mayor éxito profesional.
- ¿Eres un buen líder? ¿Sí? Relata ejemplos que lo avalen.
- Un fracaso profesional. Sí todos cometemos errores. Explícalo. Lo veremos más adelante.
- Decisiones difíciles que has adoptado.
- ¿Eres creativo?
- Cómo te enfrentas al estrés.
- Cualquier otro que te haga destacar como excelente profesional.

La preparación son los mejores cimientos para el éxito.

Preparar excelentes ejemplos lleva tiempo, pero merece la pena, porque dan verosimilitud a tu discurso y son tu tarjeta de embarque al trabajo que deseas.

Los ejemplos, bien orientados y relevantes te hacen destacar. Ser distinto. Dejas de ser uno más.

¿Cuál suele ser la realidad en las entrevistas? La mayoría de los candidatos dicen palabras huecas. Normalmente exponen malos ejemplos. La preparación de la entrevista ha sido deficiente o inexistente.

En el **"combate"** por el éxito en el proceso de selección y en concreto en la entrevista, "donde sólo uno puede ganar", los excelentes ejemplos son los misiles con los que puedes impactar en la mente del seleccionador y **"derribar"** al resto de candidatos. Son las mejores armas de tu arsenal.

Si durante la entrevista tienes que pensar buenos ejemplos sucederá algo parecido a…

— ¡Uf! rápido que el entrevistador está esperando….,

El silencio se hace muy incómodo, buscar uno, aplicar el método PAR, relatar, nervios, ansiedad, sudoración, sigue el silencio opresivo, cada vez se hace más denso, mi sonrisa es una mueca, no sé dónde mirar, el entrevistador sigue esperando… tic tac tic tac tic tac tic tac tic tac tic tac tic … … …

Técnica VII. Profesionalidad

Los datos, cifras, porcentajes y cuantificar hacen destacar a los buenos profesionales. No hacerlo puede hacernos parecer novatos o poco creíbles.

El relato con datos, cifras da veracidad y contundencia a nuestra narración. Incrementa la credibilidad y llama poderosamente la atención.

- Novato: Vendo mucho.
- Profesional: Mis ventas en 2020 fueron de 250.000 € (8 palabras).

- Novato: Soy bueno haciendo selección.
- Profesional: El 93% de mis candidatos han superado el periodo de prueba. (11 palabras).

- Novato: Soy muy bueno gestionando publicidad en Facebook ads.
- Profesional: El CPA de mis campañas en Facebook Ads es de sólo 2,1 €, gracias a mi hipersegmentación (17 palabras).
  CPA: Coste Adquisición de Clientes.

- Novato: Soy un excelente perseguidor de morosos.
- Profesional: En 2020 recuperé 278.000 € de impagados (7 palabras).

Cuantificar indica profesionalidad. Normalmente los candidatos no lo hacen. Desaprovechan esta excelente baza.

KO & OK y sus técnicas de oratoria:

KO
- Divaga, aburre, se enrolla y utiliza palabras grandilocuentes.
- Se parapeta en términos sólo conocidos por los "iniciados" en su profesión.
- No cuenta ejemplos que aporten credibilidad. Abusa del "soy +".
- No relata historias.

- Emite afirmaciones sin datos, ni cifras.

OK
- No divaga. Va al grano.
- Hace que conceptos complejos de su profesión todo el mundo los entienda.
- Capta la atención y emociona con sus narraciones.
- Relata ejemplos que respaldan las habilidades que manifiesta tener. Es creíble.
- Sus respuestas están repletas de cifras, datos y números.

Ideas clave

1. Utiliza el **poder de la palabra** para persuadir al entrevistador de tu profesionalidad.

2. Transmite las ideas con frases de menos de **20 palabras**. Este es tu territorio. No te disperses. No divagues.

3. Las 7 técnicas de oratoria que hemos visto hasta ahora te harán destacar en la entrevista, no ser uno más, ser recordado, memorable y disparar las probabilidades de oír: **¡CONTRATADO!**

Técnica VIII. Juego de bostezos

¡Campo minado! Palabras prohibidas

Hay palabras que hacen saltar por los aires nuestra candidatura. No ayudan. Debemos evitar decirlas o nuestras opciones de ser contratados decaerán.

¿Por qué? Hay varios motivos, en algunos casos porque tienen carga negativa, nos hacen de menos, aburren o son de uso tan frecuente que las hemos oído hasta la saciedad.

Debemos extraerlas de nuestro vocabulario. Ser borradas y olvidadas. No caer en la trampa de decir lo de siempre es un aspecto clave al que debes dedicar tiempo y esfuerzo en la fase de preparación de la entrevista.

¿Qué suele ocurrir? Los candidatos que no preparan la entrevista, los seguidores de improvisar y el "yomismo", acaban cayendo en el océano tenebroso y aburrido de las palabras generadoras de somnolencia.

Estas palabras, oídas en la mayoría de las entrevistas, carecen de contenido útil y no aportan nada. Decirlas no te diferencia, ni te hace parecer un activo valioso. Evítalas.

Si eres uno más. Serás uno menos.

El **TOP 10** de **Juego de Bostezos.** Palabras a evitar en las entrevistas. Lo componen:

1.- Hoja de ruta, poner en valor, apalancamiento, sinergias, planificar, empoderar, la joya de la corona…

88.000 es el número de palabras recogidas en el diccionario de la Real Academia Española. ¿Por qué hay que utilizar **siempre** los mismos términos de moda? Vocablos que provocan hastío de tanto oírlos.

Por favor, no digas "lo de siempre" y busca nuevas expresiones.

Es triste ver a periodistas, políticos y speakers hablando a todas horas y todos los días de *"empoderar", "hoja de ruta", "sinergias", "poner en valor"* …, por Dios, perdón, por Yahvé, Amón y Atón. Un poco de imaginación.

2.- No

Enero 2016, **Mariano Rajoy "declinó"** ser candidato a presidente del gobierno de España. (Titular de portada de la mayoría de periódicos publicadas en España en esa fecha).

¿Declinar? Es probablemente uno de los verbos **menos** utilizados en la lengua española, junto con **argüir** o **expeler.**

Declinar fue una forma "suave" de decirle al jefe del estado…

— Hey majestad, no me da la gana ser candidato, **no me sale de los diputados** presentarme, no quiero ser expuesto a la cámara, perder y hacer el ridículo.

¿Por qué evitó decir **no** Mariano Rajoy a ser candidato al Gobierno de España?

"NO" tiene carga negativa. Es el paradigma de la contrariedad y la negatividad. Cada **"NO"** que decimos en la entrevista es una **imagen negativa** que **impacta** en la mente del entrevistador, se graba a fuego y las explicaciones posteriores no quitan esa marca. Ahí sigue, eterna en la memoria del entrevistador.

— Vaya con lo bien que íbamos…

En la entrevista, **evita decir no,** si lo haces explícalo, nunca digas sólo el monosílabo sin dar más aclaraciones. En este caso el silencio no es tu aliado como sí lo es ante la pregunta incómoda tras tu respuesta tipo francotirador tal y como veremos más adelante.

¿Cómo responder evitando decir no? Sustituye esta negación por una explicación buscando un símil o un concepto parecido. Veamos un ejemplo.

Pregunta:

— ¿Has utilizado el programa informático de gestión "X"?

Respuesta **KO**
— No.

Respuesta **OK**
— Llevo 7 años utilizando el programa "Y", que tiene la misma arquitectura y prestaciones.

No al no. Evita su uso, utiliza términos similares, explica, argumenta y sigue transmitiendo imágenes positivas. Minimiza su impacto negativo.

3.- Habilidades de comunicación

— Tengo habilidades de comunicación. Soy muy bueno comunicando.

¿A qué te refieres? ¿Expresión oral, escrita, telepática, redes sociales, mimo, corporal, gesticular, señales de humo, podcaster o youtuber?

La comunicación se **demuestra**, no se alardea y como candidato lo tienes fácil:

1- En el currículum con una perfecta redacción, con contenido de interés, distinto y con una buena sintaxis. Hazlo y el seleccionador llegará a esa conclusión por sí sólo.

2- ¿Posees una buena oratoria? ¿Eres descendiente de Cicerón? No te preocupes, en la entrevista podrás demostrar tus habilidades en expresión oral, corporal y gesticular.

Historia de la historia
En una formación de empleabilidad recuerdo a una de las participantes que exponiendo sus puntos fuertes y habilidades, comentó...

— Soy buena comunicadora, voy a clases de improvisación teatral.

Lo dijo de manera entrecortada, brazos cruzados, sudoración y mirando al suelo. ¿Resultó creíble?

En ese momento estaba nerviosa y no había preparado debidamente la presentación. Se confió. Lo cierto es que en posteriores presentaciones lo hizo muy bien.

¿Milagro? No. Sus posteriores espectáculos y presentaciones fueron brillantes fruto de la preparación, el método y la práctica.

Fue espontánea desde la preparación, no desde la improvisación.

4.- Soy trabajador

Desde hace **100.000** años que existe el Homo Sapiens. ¿De verdad crees que algún sapiens ha confesado en una entrevista de trabajo algo parecido a...?

— Hey soy mal, muy mal trabajador, un desastre, vago, maleante y perezoso.

¿Cuál es tu mayor defecto?

— Ahora que lo pienso, la verdad es que soy un **pésimo trabajador**.

Ser trabajador o trabajadora no es una habilidad destacable, **es un mínimo exigible**, tiene el mismo valor que decir soy puntual, no robo, no pego, no mato o no maltrato.

— **Me considero trabajador.** ¿A qué te refieres? ¿Picapedrero? ¿Esclavo remero en galeras? ¿Obrero en la construcción de las pirámides del antiguo Egipto?

Afirmar que eres trabajador. ¿Crees, de verdad que aporta información útil? Tenemos que ser excelentes trabajadores, puntuales y honrados, de no ser así será breve nuestra estancia en la organización.

Demuestra que eres un excelente trabajador, dando ejemplos de tu capacidad y esfuerzo. Relata los momentos laborales que diste un plus para alcanzar los objetivos.

Ya puestos, tampoco tenemos que caer en **obviedades de tipo:**

Entrevista para periodista de prensa escrita:

— Me gusta escribir.

Entrevista para piloto de avión:

— Me gusta volar.

Entrevista para pintor de cuadros:

— Me gusta dibujar.

Entrevista para entrevistador:

— Me gusta entrevistar a entrevistadores. :)

5.- Trabajo en equipo

— Me gusta trabajar en equipo.

— Formar parte de un equipo y aportar. Soy muy bueno en eso…

Este tipo de frases se han convertido en un **eslogan. No aportan nada.**

En cambio, sí **capta la atención** si mencionas proyectos en los que has participado y formado parte de un equipo.

Pon el foco en comunicar información del tipo:

- ¿Cuál es tu participación en los equipos de trabajo?
- ¿Qué aportas?
- ¿Éxitos obtenidos?
- ¿Problemas a los que te enfrentas?
- ¿Momentos más difíciles?
- ¿Tus aportaciones más satisfactorias?
- ¿Proyecto más difícil? ¿Por qué?
- ¿Los mayores logros de un equipo en el que has participado?
- ¿Mayores desafíos?
- ¿Cómo te enfrentas a un miembro de equipo difícil y tóxico?

DEMUESTRA con EJEMPLOS

6.- Flexible

¿A qué te refieres? ¿Contorsionista? ¿Maleable? ¿Elástico? ¿Eres de goma? ¿Cambias frecuentemente de opinión en función de las circunstancias?

"Estos son mis principios, pero si no le gustan tengo otros."
Groucho Marx dixit. ¿Eres de éstos?

Flexible sin más explicaciones, no indica nada al **empleador** y son segundos mal utilizados en la entrevista.

Quizás quieres decir...

— Hago esfuerzos de adaptación y aprender nuevas tareas, funciones y asumir más responsabilidades para cubrir bajas, vacaciones, por ejemplo recuerdo...

— Tengo flexibilidad horaria. Me puedo adaptar a las necesidades de la organización en horario, turnos, cambios de última hora…

— Adopto decisiones meditadas, pero si un colaborador, opina distinto y argumenta bien, no tengo ningún problema en modificar mi decisión, por ejemplo sucedió cuando…

Detalla en qué consiste tu flexibilidad, pon ejemplos.

Insisto, estas palabras tan usadas no te hacen destacar, todo lo contrario transmiten el mensaje…

— ¡Hey! Soy uno más, soy **soporífero**. No hay nada nuevo que no hayas oído.

7.- Creativo

¿Qué es ser creativo? ¿Steve Jobs? ¿Da Vinci? ¿Andy Warhol? Es peligroso definirse como creativo.

Lo debes demostrar. ¿Cómo? Fácil, siempre que sea posible proporciona ejemplos:
- ¿Eres un directivo o colaborador que busca soluciones no habituales? Enumera ejemplos, muestra tu trabajo o di qué soluciones imaginativas adoptaste para solucionar problemas comunes.
- Diseñador: Enseña tu book de trabajos.
- Redactor: Presenta muestras de tus escritos.
- Fotógrafo: Instagram es tu territorio.
- Publicista: Exhibe campañas que has liderado o colaborado.
- ¿Nada de lo anterior? Enumera ejemplos de cómo resolviste problemas adoptando soluciones distintas y creativas.

Demuestra, demuestra y demuestra. Entonces será el seleccionador quien te clasificará como creativo.

8.- Motivado

Decir estoy motivado, sin dar más explicaciones, tampoco aporta nada. La empresa quiere incorporar colaboradores dispuestos a hacer esfuerzos, a entregar lo mejor de sí para conseguir los objetivos de la organización.

Como candidato debes dejar claro qué te motiva, qué hace que des lo mejor de ti (excelente ambiente de trabajo, tener clara áreas de responsabilidad y objetivos, reconocimiento o la formación en tecnologías de la información…). Te dará credibilidad.

Si buscas transmitir que eres un trabajador implicado, da ejemplos que hagan creíble tu discurso. ¿Que has hecho en tus anteriores trabajos que dejan claro que eres un colaborador comprometido con la organización? Cuéntalo.

9.- Odio. Detesto

Puede generar dudas el candidato anclado en "el odio", sea lo que sea que odie.

Las organizaciones buscan incorporar personas capaces de generar un buen ambiente de trabajo, de trato fácil y educadas. Alguien con capacidad de odiar probablemente no encaja y puede generar dudas.

Evita conjugar verbos con carga negativa: Odiar, detestar, abominar, aborrecer y similares.

Mejor utiliza verbos con carga positiva: **Gustar, adorar, amar y agradar.**

No logro ver ningún tema, asunto o hipótesis que bajo la expresión "odio, odiar" o similar (detestar, aborrecer…) beneficie de algún modo al candidato. Evita su uso. A veces se trata solo de una coletilla. Elimínala de tu oratoria.

10.- Perfeccionista y/o exigente

¿De verdad? ¿Tu mayor defecto es la perfección y la exigencia? Exijo, me exijo, nos exigimos mucho y exigiendo estoy.

Desde hace tiempo, mucho tiempo, esta respuesta se ha convertido en un estándar, un cliché, una contestación típica a la pregunta:

— ¿Cuáles son tus defectos?

En mis entrevistas solo utilizo esta pregunta para puestos que requieren trabajar bajo presión, (bombero, policía, auxiliar de vuelo, conductor, enfermera …), y busco reacción, no información. Ver si el entrevistado muestra el temple que el puesto requiere.

Cuando responden con el cliché de siempre

— Soy muy exigente y perfeccionista.

— Eso no son defectos, son contestaciones que has leído en un blog o en un artículo en una revista sobre cómo responder a esta pregunta. Defecto es robar, matar, ser maleducado, grosero, respondón, impuntual, vago o incompetente. ¿Cuál es el tuyo? ¿Alguno de éstos? ¿Otros?, dime — comento.

Agito al candidato, para observar si posee la serenidad y entereza que requiere el puesto.

KO & OK

KO
— Utilizo el apalancamiento para planificar, aprovechar sinergias y cumplir la hoja de ruta. Además sé empoderar, poner en valor y odio a los preguntones. ¡¡¡Olé!!!

OK
En la fase de preparación de la entrevista repasa las **"palabras prohibidas"** y cuando practica la entrevista por cada una que dice se "castiga" con una ducha de agua fría, si es invierno o de agua caliente si es verano.

Ideas clave
1- Aprovecha la inmensa riqueza de nuestro idioma. Sé distinto. Evita utilizar palabras con carga negativa: **No, odiar, rechazar, empoderar….** o aburridas: poner en valor, hoja de ruta, sinergias...

2- Ser uno más te aboca a ser uno menos. Sé distinto. Muéstrate diferente.

3- Es tu turno. Aprovecha el poder de las palabras para mostrar, y demostrar, el excelente activo que eres y puedes ser para la organización.

Coaching de empleabilidad conmigo

¿Encuentras útiles los consejos de este libro? ¿Quieres que preparemos tu entrevista juntos? ¿Que te acompañe y guíe, paso a paso, a lo largo de todo el proceso de búsqueda de empleo?

¿Te sientes un poco abrumado/a buscando nuevas oportunidades profesionales? ¿Necesitas orientación a través de toda tu búsqueda de empleo, ayuda de un experto en selección que responda cualquier pregunta y te muestra el camino al éxito?

¿Sí? Imagínate ir de mi mano a lo largo de todo el proceso.

Tengo una propuesta para ayudarte a disparar tus probabilidades de escuchar: ¡CONTRATADO!

Sí, tienes razón, muchas veces es pesado, agobiante y desesperante el proceso de búsqueda de nuevas opciones profesionales. Hazlo conmigo. La carga será menor y el proceso de búsqueda más breve.

Trabajemos juntos 1 & 1 en tu búsqueda de empleo o recolocación.

Te asesoro paso a paso, desde el autoconocimiento (conocerte, de verdad, para darte a conocer) hasta la vital negociación retributiva…

…pasando por cómo elaborar un cv y perfil de linkedIn que consiguen entrevistas, cómo atacar el mercado laboral oculto (80% de las ofertas de empleo no se publicitan por medios habituales), técnicas de oratoria, por supuesto preparar la entrevista …

¿Qué obtienes? Acelerarás tu búsqueda de empleo, oirás rápidamente: **¡CONTRATADO!**

Créeme es la mejor inversión que puedes hacer.

¿Estás pasando por dificultades económicas? No te preocupes, lo hablamos y buscamos una solución.

¡Aviso! Esta mentoría tiene efectos secundarios. La inmensa mayoría de los profesionales tutorizados a través de este programa se han convertido en excelentes amigos. El que avisa …. :)

Contacta conmigo si estás interesado: carlos.losada.viejo@gmail.com

Algunos testimonios:

"El programa saca lo mejor de nosotros, nos despierta mentalmente y nos ofrece herramientas para aprender a sacar nuestro potencial."
Clara - Project Manager - Sector Recursos Energéticos

"¡Totalmente disruptivo! Rompe con lo establecido y te abre nuevos horizontes."
Cristina - HR Specialist - Consultora Tecnológica Global

"Llegar a lo más profundo, superar mis debilidades, fortalecerme y saber dónde quiero estar."
Iván - Periodista - Prensa escrita diaria

Garantía de total satisfacción. Empezamos a trabajar juntos, y si no se cumplen tus expectativas, te devolveré todo lo que hayas pagado, hasta el último céntimo, sin preguntas.

Si quieres poner las probabilidades de escuchar: ¡CONTRATADO!, a tu favor, cuenta conmigo

PARTE IV: TIPOS DE PREGUNTAS

Las cartas marcadas. ¿Qué esconde cada pregunta?

Aprende a detectar qué oculta cada tipo de pregunta

Cómo desactivar preguntas trampa

En los procesos de selección el entrevistador necesita obtener una **imagen en 3D** del candidato, de todas sus caras y facetas, en especial de:

1- Información laboral y formativa relevante del candidato. Experiencia, logros, éxitos, educación y formación complementaria (no reglada).
2- Valores, competencias, habilidades, puntos fuertes, debilidades…
3- Otros aspectos, de distinto tipo, conductual, comportamiento, raciocinio, agilidad mental, emocional, actitud, motivación, ilusión por la propuesta profesional…

Para lograr esta **imagen 3D** el seleccionador posee en su arsenal **tres tipos de preguntas,** que buscan:

1. **Información**
2. **Reacción**
3. **Lógica y creatividad**

Veamos qué objetivos hay detrás de cada pregunta, conocerlos provocará que todo sea diferente para ti.

Se trata que "juegues la entrevista" con las cartas marcadas. Saber el auténtico propósito que se esconde detrás de cada una de ellas. Las opciones son:

1- Información

El entrevistador pregunta para indagar sobre aspectos concretos y obtener datos. Son las más habituales.

El seleccionador busca obtener información sobre tu experiencia, logros, formación, ilusión por la propuesta, motivación, habilidades, puntos fuertes, debilidades, aficiones, idiomas, conocimientos de herramientas digitales, motivación, valores y competencias. Trata de averiguar si hay o no adecuación persona - puesto.

Ejemplos de este tipo de preguntas:
¿Cuáles son tus puntos fuertes?
¿Cuál es tu nivel de inglés? ¿B2, C1…?
¿Cuál ha sido tu mayor éxito profesional?
¿Por qué quieres trabajar con nosotros? ...

2- Reacción

— Por lo que comentas, en tu tiempo libre, no realizas ninguna actividad física, ni saludable. ¿Sólo amigos, cervezas y tapas? ¿Ningún tipo de actividad deportiva o intelectual? ¿Indica dejadez? ¿Vagancia?

— En los test psicotécnicos que has hecho hemos observado con preocupación que tus resultados han estado por debajo de la media. ¿A qué lo achacas? ¿No has descansado bien esta noche? ¿Algo te preocupa y no has podido concentrarte?

¿A qué vienen estas preguntas? ¿Por qué el seleccionador roza la mala educación con estas preguntas? ¿Qué busca indagar?

Ver cómo reaccionas es su finalidad. Trata de averiguar si eres un profesional capaz de **trabajar bajo presión y tolerar el estrés.**

Estas preguntas pueden ser una herramienta útil cuando el puesto requiere gestión del estrés, temple, serenidad y saber lidiar ante situaciones incómodas, críticas o de emergencia.

En los procesos de selección para estos puestos el entrevistador debe hacer preguntas para "menear" al candidato y observar cómo reacciona, aquí la información que proporciona el candidato no es tan relevante. **Sí lo es su reacción**. Ver cómo responde.

El objetivo es **incomodar al candidato**, observar si salta o aguanta, muestra temple o fastidio, si hay acción o parálisis. ¿Es capaz de mostrar **calma, entereza, sosiego** ante situaciones irritantes provocadas por el entrevistador? ¿Pierde el control? ¿Domina él la situación o se ve sobrepasado?

Hay innumerables trabajos que requieren la habilidad de saber trabajar bajo presión, como atención al cliente, auxiliares de vuelo, enfermeras, médicos, pilotos, policías, militares, bomberos, los fontaneros del Titanic el 15 de abril de 2012… :)

Puede parecer que con estas preguntas el entrevistador se muestra grosero, suspicaz, emite juicios de valor que duelen, plantea preguntas o afirmaciones que incomodan al candidato. De hecho ese es el objetivo, durante unos minutos perturbarlo y ver cómo actúa.

Eso sí, deben ser hechas desde el **respeto y con educación**, aunque molesten.

— Has tenido un gran número de trabajos en poco tiempo. ¿Por qué ninguna empresa decidió apostar por ti y te despedían? ¿No estaban satisfechos con tu desempeño?

— Cursaste estudios en el centro escolar César Godoy. ¿Ese colegio es considerado que es de un nivel educativo no muy exigente? ¿Cierto?

Lucifer es un ser amigable y bondadoso, en comparación con este "corrosivo" interrogatorio.

¿Te has sentido en algún momento durante una entrevista como un hereje ante la **Santa Inquisición** en un acto de fe? ¿Sí? Bienvenido a las preguntas que buscan ver reacción. **"El rato del estrés"**.

Insisto, generar esta incomodidad en el entrevistado sólo se justifica si en la posición es necesario lidiar con situaciones tensas, como puede suceder ante clientes enfadados, groseros, en un quirófano cuando la vida del paciente está en juego, en un vuelo con problemas en un motor, ante derrumbes en un incendio, asistente de un jefe malhumorado, profesor de bachiller con adolescentes...

En **septiembre de 2005** un **avión de JetBlue** realizó un aterrizaje de emergencia en el Aeropuerto Internacional de Los Ángeles debido a que las ruedas del morro estaban bloqueadas. Nadie resultó herido. ¿Cómo sería la tensión y angustia de los **140** pasajeros y **6** tripulantes durante este incidente? **¡MÁXIMA!**

En la selección de tripulantes de cabina el gerente de selección tiene que averiguar si los candidatos poseen las competencias necesarias, si saben **trabajar bajo presión, tolerar el estrés y tienen equilibrio emocional. Son competencias laborales imprescindibles para poder** enfrentarse y dominar este tipo de situaciones, manteniendo y transmitiendo calma.

Las preguntas que generan estrés, ansiedad, incómodas, son una herramienta más en la "caja" del seleccionador, bien utilizadas sirven para "intentar ver" la **imagen completa, en 3D,** del candidato.

Con este tipo de preguntas y afirmaciones dolorosas, si además de ver cómo reacciona el candidato se obtiene información, mejor, aunque no sea el objetivo prioritario.

3- Lógica y creatividad. Desarrollo mental y agudeza. Las preguntas acertijo

— ¿Cuántas pelotas de golf caben en un autobús escolar americano?

— ¿Cómo podrías pesar un avión sin ningún tipo de báscula?

— Eres limpiacristales, ¿cuántos cristales tendrás que limpiar en Seattle?

¿Qué buscan estas preguntas? ¿Volvernos locos? ¿Jugar con nosotros? ¿Se aburre el entrevistador? ¿Forma parte de algún rito ocultista o satánico?

Suelen ser hechas en procesos de selección de grandes multinacionales y en consultoras tecnológicas, y cada vez se dan con más frecuencia.

— Hey, un momento. ¿No hemos quedado que la entrevista es una reunión entre profesionales, que tiene como objetivo el **intercambio de información**? ¿Qué información indica el número de pelotas de golf que caben en un autobus amarillo? Oiga, la pregunta sí que tiene pelotas.

Buscan averiguar qué habilidades tiene el candidato en desarrollo lógico, creatividad, cuánto tiempo dedica a construir la respuesta y cómo se enfrenta a la presión.

En estos acertijos no se espera exactitud, ni precisión. El objetivo es ver cómo procesas y desarrollas la respuesta. ¿Eres creativo? ¿Estructuras con lógica o de manera enrevesada?

¿Cómo enfrentarse a este tipo de preguntas? Haz ingeniería inversa. ¿Qué busca el entrevistador?
Escuchar cómo desarrollas la respuesta.

Lo importante es el desarrollo, la explicación y la construcción de la respuesta. Desglosar el problema en partes pequeñas y manejables. Elabora tus hipótesis en voz alta, con seguridad, lógica y razonando.

1- ¿Cuántos cristales tendrías que limpiar en Seattle?

Como diría **Jack** el destripador…

— Vamos por partes…

Desmenuza la pregunta en información que debes conocer (sustituye Seattle por tu localidad), parte de **suposiciones** basadas en información que manejas y elabora la respuesta uniendo todos los puntos, por ejemplo:

Suposición 1: En Seattle residen +-900.000 habitantes

Suposición 2: Habitantes por hogar: 3,5

Suposición 3: El domicilio medio en Seattle tiene 9 ventanas

Respuesta: Un limpiacristales en Seattle debería limpiar +-:

900.000/3,5 = Número de casas

Número de casas por 9 = Cristales a limpiar

2- ¿Cuántas pelotas de golf caben en un autobús escolar americano (amarillos)?

Suposición 1: Calcular el volumen de un autobús y cómo llegas a esa conclusión. Número de asientos, espacio por asiento…

Suposición 2: Volumen de una pelota de golf

Hipótesis planteada = Volumen del autobús dividido por el volumen estimado de cada pelota de golf

Ante este tipo de preguntas lo que **nunca debes hacer** es preguntar pidiendo más información, el entrevistador responderá…

— En el enunciado tienes toda la información que necesitas.

Recuerda se busca **desarrollo, agilidad,** candidatos que saben simplificar, desglosar, hacer las suposiciones lógicas, creativas y llegar a hipótesis razonables. **Nadie espera exactitud** en la resolución de estos acertijos.

Con estas preguntas también se puede buscar **agudeza mental. Veamos varios ejemplos:**

Pregunta: Fuiste reducido al tamaño de una moneda de dos centímetros de diámetro y te arrojan a una licuadora. Tu masa se redujo pero la densidad sigue siendo la misma. Tienes apenas un minuto para reaccionar antes de que las cuchillas empiecen a girar. ¿Qué haces?

Hipótesis: Los expertos se inclinan por que la respuesta correcta es **"saltar".**

Argumentan que **si el cuerpo tiene la misma densidad los músculos tienen la misma potencia.** En este caso aunque eres más pequeño, como una moneda de dos centímetros, puedes dar un salto que te posibilita salir de la licuadora.

Pregunta: ¿Cuántas formas puedes utilizar para *"encontrar una aguja en un pajar"*? Las diversas hipótesis de respuesta son:
- Quemar el pajar. El material de la aguja es ignífugo.
- Sumergirlo en agua, la paja flota, la aguja se hunde: "voilá".
- Utilizar un imán que atraiga la aguja.

- Buscar con un detector de metales.
- Combinar varios de ellos: Sumerjo en agua con imán al fondo… … …

Pregunta en procesos de selección para policía, guardia de seguridad, escolta y similares …

— En la sala de espera. ¿Cuántos cuadros hay colgados en la pared? ¿Hay alguno abstracto? ¿Representando un paisaje? ¿Plasmando animales? ¿Domésticos o salvajes?

Cierto, el entrevistador también busca analizar las **dotes de observación** del candidato.

¿Son habituales este tipo de preguntas? Depende del proceso. Es importante que sepas de su existencia y el por qué de ellas. Que conozcas que no todas las preguntas buscan información, algunas buscan observar cómo reaccionas.

Otras, buscan averiguar cómo desarrollas hipótesis, agudeza, creatividad, lógica o si eres observador.

Hay organizaciones que cada vez las hacen con menos frecuencia, como sucede con Google. Ha dejado de realizarlas porque no detectaba ninguna relación entre candidatos que habían proporcionado respuestas creativas, brillantes con un excelente desempeño en el trabajo. No había correlación alguna.

A otras, en cambio, les encantan como es el caso de Amazon y en particular a Jeff Bezos.

Las preguntas tipo acertijo también las puede utilizar el entrevistador para observar cómo reaccionas.

KO & OK

KO. Pierde los papeles, se altera ante determinadas preguntas y comentarios, no entiende qué tiene que ver para trabajar de auxiliar de atención al cliente en esta compañía telefónica con las afirmaciones hirientes que ha hecho el seleccionador sobre si no practico deporte, que si soy vago...

OK. Mantiene la calma, no se altera, ni muestra nervios, contesta con serenidad a preguntas y comentarios que parecen cuestionar su valía profesional. Quiere demostrar que es un excelente candidato al puesto de auxiliar de atención al cliente en esta operadora de telefonía.

Ideas clave
1- Las preguntas de una entrevista pueden buscar:

A- Información. Son las más habituales.
B- Reacción.
C- Lógica y creatividad. Desarrollo mental y agudeza. Son preguntas tipo acertijo.
D- Una combinación de ellas.

2- Ante las preguntas que buscan **observar cómo reaccionamos**, debes mostrarte con temple y entereza. El entrevistador trata de averiguar si reaccionas con calma o pierdes los nervios con facilidad ante situaciones de un cierto estrés e incómodas.

3- En las preguntas que buscan averiguar nuestra capacidad de construir respuestas basadas en la lógica y la creatividad no importa tanto la respuesta, sí su desarrollo.

Ante estas preguntas busca plantear suposiciones que te permitan desarrollar una hipótesis defendible y con lógica en su planteamiento.

Explica en voz alta la elaboración de tu hipótesis, debe escucharla el seleccionador.

4- El entrevistador puede aprovechar y que una misma pregunta tengan más de una finalidad. Buscar información y reacción o lógica e información. Todas las combinaciones son posibles.

5- Todas las preguntas son herramientas útiles para componer la **imagen en 3D** del candidato. El uso de uno u otro tipo dependerá del puesto, las competencias y habilidades que requiera el puesto.

Preguntas incómodas

Cómo enfrentarse y salir triunfador

¿Por qué te despidieron? ¿Por qué quieres cambiar de trabajo? ¿Por qué has estado un año sin trabajar? ¿Cuáles son tus debilidades?

Primero, vamos a clarificar conceptos:

1- **No existen preguntas incómodas como tal.** Existen preguntas para recabar información, observar reacción o resolver acertijos.

2- Es **nuestra percepción** de la pregunta lo que genera esa incomodidad.

Las preguntas incómodas son cuestiones que debe aclarar el candidato para despejar posibles incertidumbres.

Son escollos que debe saber sortear para no generar dudas y poner en peligro su continuidad en el proceso de selección.

La pregunta incómoda trata de aspectos importantes y escabrosos, puede ser sobre despidos, periodos sin trabajo o tu motivación para cambiar de empresa.

Si la respuesta no convence, es probable que la continuidad en el proceso de selección se vea comprometida.

En la entrevista cuando nos hacen **"nuestra pregunta incómoda"**, si no hemos preparado la respuesta, oírla puede producir malestar, sudoración e inquietud. La contemplamos como nuestro **mayor hándicap** para escuchar ¡CONTRATADO!

En cambio, el entrevistador sólo busca aclarar un aspecto importante, hazlo y la entrevista seguirá adelante.

Eso sí, tu respuesta debe ser convincente, no siempre es fácil, por eso es **vital** que prepares la respuesta y la practiques, una y otra vez, para garantizar tu supervivencia en el proceso.

Pregunta incómoda: convence o te vence.

¿Cómo reaccionamos y contestamos habitualmente? **Nerviosos y divagando.**

La **psicología** del **comportamiento** nos enseña que ante situaciones de incomodidad el candidato tiende a divagar fruto del nerviosismo que le atenaza. Se muestra inquieto por la pregunta y preocupado por no ser capaz de persuadir con su contestación.

El candidato se siente en la obligación de dar **extensas explicaciones, amplias, muy amplias,** *"para que quede claro"* y se mete en un jardín, en un laberinto de explicaciones y argumentos del que es muy difícil salir.

El entrevistador lo detecta, sigue preguntando, más nervios, más palabras erráticas, la situación empeora, aparecen los balbuceos. **RIP.** Has dejado de ser un candidato creíble.

Estamos ante la profecía del autocomplimiento, estabas convencido que esta pregunta podía poner en peligro tu candidatura y así ha sido. Profetizas que algo así puede pasar…*"en esta pregunta me la juego como me la hagan, mal…"* y sí, se ha cumplido el vaticinio.

Ante tu pregunta incómoda, si no preparas y practicas la respuesta, se cumplirán tus peores augurios.

"Si crees que puedes, puedes y si crees que no puedes no puedes, en cualquier caso siempre vas a tener razón."
John Ford. Fabricante de coches, profeta y precursor de coaches.

Los tres secretos para triunfar ante las preguntas incómodas. ¿Cómo actuar? Método y preparación.

1- No divagar. Al grano.
2- Respuesta breve. Frases de entre **10 y 20 palabras.**
3- Contundente en la respuesta.

Actúa como lo hacen los francotiradores. Llega la pregunta incómoda, con tranquilidad coges el rifle, apuntas, disparas y te callas. No puedes sentirte nervioso en el silencio. Que lo gestione el entrevistador.

Si la respuesta le parece suficiente y convincente continuará con otro tema, si no te seguirá preguntando y tú contestando con la misma técnica. Al grano.

Recuerda **ser un "sniper",** lo habitual suele ser lo contrario, frente a la pregunta incómoda el candidato:

1- Muestra nerviosismo y sudoración en las manos.
2- Coge la metralleta y dispara ráfaga tras ráfaga de verborrea.
3- Es posible que siga la verborrea y que su credibilidad caiga en picado. Si ésto se produce llega un final nada heroico, ni cinematográfico.

Vamos a ver algunos **ejemplos** de cómo enfrentarse a una típica pregunta incómoda de manera convincente, salir airoso y reforzada la candidatura:

— **¿Por qué te despidieron?** (Pregunta incómoda. Muy incómoda)

— La facturación cayó el 30%, últimos en entrar, primeros en salir. (11 palabras)

— Fuimos absorbidos por "xyz", hubo reestructuración, todo mi departamento salió. (10 palabras)

— Hubo un cambio de jefe y pasé de estar motivado a no estarlo. Pacté mi salida. (16 palabras)

Si al entrevistador le parece suficiente y coherente la respuesta, porque efectivamente tu sector ha sido penalizado por la crisis, es razonable que se produzca un descenso del 30% en la facturación y la empresa decida reducir la plantilla. Resulta creíble y convincente esta respuesta.

Probablemente el seleccionador no te pregunte más sobre este tema o quizás quiera aclarar algún detalle. ¿Cuántos fueron despedidos? ¿Ninguno continuó? ¿En qué posición saliste? ¿Fuiste de los primeros o de los últimos…?

Las respuestas tienen que seguir siendo con el mismo aplomo, franqueza y brevedad. Recuerda entre 10 y 20 palabras.

Aclaración
No confundir **preguntas incómodas**, cuestiones que es legítimo que el entrevistador quiera clarificar de nuestra trayectoria, sobre despidos, motivación al cambio de trabajo o periodos sin trabajar y similares, con **preguntas ilegales o inadecuadas** sobre tu futura maternidad, edad, sexo, raza y religión. Son temas distintos. Cómo enfrentarse a preguntas ilegales lo vemos en el siguiente capítulo.

KO & OK

KO. ¿Por qué te despidieron? No lleva preparada la respuesta, confía en su *"capacidad de improvisación"* y cae en la palabrería incontrolada, habla y habla. Cunde el nerviosismo, empieza la sudoración, divaga y da explicaciones no pedidas.

OK. ¿Por qué fuiste despedido? Es consciente que está ante una pregunta importante, debe dejar claro el motivo, transmitir tranquilidad al seleccionador y ser creíble. Ha preparado una respuesta breve, contundente, de 12 palabras. Aparece la pregunta, mira con franqueza y tranquilidad, sonríe, se muestra agradable, confiado, dispara, responde, es breve, al grano, como un experto francotirador, y calla.

Ideas clave

1- La pregunta incómoda trata de algún **aspecto importante** que el seleccionador quiere dilucidar.
Es esencial mostrarse convincente para no generar dudas y continuar en el proceso de selección.

2- Detecta cuál es **tu pregunta incómoda** y prepara la respuesta, **tu speech**, antes de la entrevista.

3- Da una **respuesta breve**, con una frase de menos de 20 palabras. Responde sin divagar y al grano. Actúa como lo haría un francotirador. Esperas con tranquilidad a que aparezca, sonríe, dispara y refúgiate en el silencio. No te muestres incómodo en él, que lo gestione el entrevistador.

Preguntas ilegales, impertinentes o inadecuadas

Cómo afrontarlas

Los españoles son iguales ante la ley, sin que pueda prevalecer discriminación alguna por razón de nacimiento, raza, sexo, religión, opinión o cualquier otra condición o circunstancia personal o social.
Artículo 14 de la Constitución Española

En **EEUU** hay un conjunto de leyes federales contra la discriminación laboral:

1- The Age Discrimination in Employment Act of 1967. La Ley de Discriminación por Edad en el Empleo de 1967.
2- Ley de ciudadanos con discapacidades.
3- Ley de derechos civiles.
4- Ley contra la discriminación por embarazo.

Más información en: https://www.usa.gov/espanol/leyes-federales

En **México** la Ley Federal del Trabajo recoge el siguiente precepto:

"Queda prohibida toda discriminación motivada por origen étnico o nacional, el género, la edad, las discapacidades, la condición social, las condiciones de salud, la religión, las opiniones, las preferencias, el estado civil o cualquier otra que atente contra la dignidad humana y tenga por objeto anular o menoscabar los derechos y libertades de las personas".

Son **ilegales** todas las preguntas que indaguen sobre diversos aspectos de la esfera privada del candidato que el ordenamiento jurídico protege.

El entrevistador no puede preguntar nada sobre nacimiento, raza, sexo, religión, opinión o cualquier otra condición o circunstancia personal o social, porque comete una ilegalidad. Obra en fraude de ley.

La entrevista de trabajo tiene como objetivo conocer al candidato, tanto su esfera personal, como la profesional. Obtener una visión completa de todas las caras.

Toda la información obtenida ayuda a comprobar si existe o no adecuación entre persona y puesto, pero esa indagación **tiene límites**.

En España están explícitamente marcados en el artículo 14 de la Constitución, en EEUU en un conjunto de leyes federales y en México en la Ley Federal de Trabajo.

Las **5 áreas intocables** que comparten los textos jurídicos citados son:

1- Preguntas sobre género.
¿Piensas ser madre?
¿Cómo te planteas planificar una familia?
¿Tienes previsto contraer matrimonio en breve?
¿Te sientes cómoda con un jefe hombre o mujer?
¿Te sientes cómoda liderando un equipo de hombres?
¿Qué crees que es más fácil dirigir o trabajar con hombres o mujeres?
¿Qué prefieres un jefe hombre o mujer?

Todas estas preguntas y similares discriminan por razón de género. El entrevistador no puede preguntar nada de estos temas. Territorio prohibido.

2- Preguntas sobre estado civil o situación familiar.
¿Cuál es tu situación familiar?
¿Estás casado, soltero, divorciado o separado?
¿Tienes previsto tener más hijos?
¿Has planificado tu maternidad?
¿Cómo contemplar la maternidad?
¿Estás al cuidado de tus padres? ¿Alguno de ellos tiene una enfermedad degenerativa incapacitante?

Todas ellas son ilegales, a veces el entrevistador, de manera equivocada, las hace para averiguar el nivel de compromiso, posible dedicación, estabilidad familiar y emocional. Da igual, sea cual sea el motivo no puede indagar en estos temas.

3- Preguntas sobre origen, nacionalidad, raza y sexo.
¿De dónde eres oriundo?
¿Dónde naciste?
¿Te sientes orgulloso de ser hispano, caucásico, vikingo, marciano o murciano…?
¿Eres heterosexual?
¿Qué opinas de la ley Trans?
¿Eres hetero u homosexual?
¿Qué opinas de la libertad sexual?
¿La marcha del orgullo Gay debería hacerse en Madrid? ¿En otra ciudad? ¿Qué te parece?

Investigar sobre el origen, nacionalidad, la raza o aspectos de índole sexual es ilegal. Tampoco es posible. ¡Tabú!

No hay ningún motivo, ninguno, que justifique indagar sobre las preferencias sexuales del candidato.

Un matiz. El seleccionador sí puede hacer preguntas relativas a la **documentación** necesaria para ser contratado legalmente en el país. Cuestiones de este tipo sí son aceptables:

— ¿Tienes tu permiso de trabajo en vigor?

— ¿Tienes la Green Card? ¿Visa? ¿Eres ciudadano americano?

— ¿Tienes doble nacionalidad y una de ellas es de un país de la Unión Europea? ¿Argentino e italiano?

4- Preguntas sobre la edad.
¿Qué edad tienes?
¿Ya has cumplido los 30, 40, 50…?
¿En qué año te licenciaste?

También son preguntas ilegales todas ellas.

Mi opinión a propósito del tema de la discriminación por edad.
Basándome en mi experiencia como profesional en gestión de personas, es que todas las empresas que discriminan a profesionales por tener más de determinada edad desperdician sabiduría, experiencia y conocimientos.

Desaprovechan talento y abocan a excelentes profesionales, en muchos casos, a la exclusión social. Mal, muy mal las empresas que obran así. ¡Lamentable!

Como sociedad y país la discriminación por edad indica un alto grado de podredumbre. Es triste, muy triste, que a partir de determinada edad un excelente profesional sea considerado caduco y obsoleto.

Las grandes corporaciones que prejubilan a partir de los 52 años. ¿Qué clase de mensaje envían al resto de la sociedad?

Muchas de esas empresas tienen pomposos programas de **RSC**. ¿En serio? ¿Responsabilidad Social Corporativa? ¿De verdad tiene algo de responsable o de social esta política de no contratación y discriminación a partir de determinada edad? ¿No sería mejor que tuviesen programas de Responsabilidad Social Contratativa?

5- Preguntas sobre creencias religiosas y políticas
¿A qué partido votaste las últimas elecciones?
¿Te consideras una persona religiosa? ¿Creyente? ¿Cristiano? ¿Baptista? ¿Eres ateo?
¿Tienes decidida tu intención de voto para las próximas elecciones?

¿Eres más de azul o de rojo? ¿Gaviota o rosa? ¿Elefante o águila?

Mi reflexión

Un entrevistador que pregunta sobre temas ilegales como la edad, fecha de nacimiento, maternidad, nacionalidad, situación familiar y creencias religiosas no puede ser un buen seleccionador. Es lerdo, incapaz o ambas cosas, pero no obra con profesionalidad.

— Ya, pero si me hacen una pregunta ilegal. **¿Cómo respondo?**

Partimos de la base que el empleo te interesa, lo quieres, aunque el entrevistador no esté haciendo bien su trabajo, podría ser un consultor externo a la organización que contrata, quizás un mal profesional de selección que trabaja para una buena organización.

Estas cosas suceden. Hay excelentes empresas que tienen seleccionadores que por desconocimiento o estupidez hacen preguntas ilegales, impertinentes o inadecuadas.

¿Cómo enfrentarse y salir airoso? Tienes varias opciones. Son propuestas. Tú debes decidir en cada caso cómo proceder y qué responder.

Opción 1. Responder con **mano izquierda ante preguntas relativas a:**

Edad: — La juventud es impulsiva, la experiencia aporta sensatez y equilibrio.

Pareja: — En estos momentos estoy centrado en mi carrera profesional.

Religión: — Las creencias religiosas son algo muy íntimo y personal.

Opción 2. Responder mostrando **cierto enfado** y desasosiego, incluso amenazando con denunciar ante el organismo competente.

— No creo conveniente que indague sobre este tema, forma parte de mi intimidad.

— Con esta pregunta me siento discriminada.

— Esa pregunta atenta contra mis valores. Pienso ponerlo en conocimiento de la autoridad responsable.

Cierto que puede tener un efecto balsámico y relajante el **ojo por ojo**. — ¡Wow! Qué bien me he quedado … " …, pero si de verdad te interesa el puesto, medita si estas respuestas te favorecen. Valóralo.

En cualquier caso no permitas que **nadie menoscabe tu dignidad.** Eso es intolerable.

Si optas por poner este tema en manos de las autoridades te indico dónde hacerlo.

En **España** el órgano competente es la Inspección de Trabajo. Tienes más información en el siguiente enlace:

https://www.mites.gob.es/itss/web/Atencion_al_Ciudadano/COMO_DENUNCIAR_ITSS.html

En **EEUU** puedes presentar la queja vía Email info@ask.eeoc.gov o por teléfono llamando al:

    1-800-669-4000 (existe la opción de ser atendido en español).

En **México** puedes poner la denuncia online ante el CONAPRED (Consejo Nacional para la Prevención de la Discriminación).

http://www.conapred.org.mx.Queja-por-discriminación-laboral

Opción 3. Responder con sinceridad, no te importa, y zanjas el tema:

— 42 años de experiencias, éxitos y hacer ganar dinero…"

— Casada y feliz…

— Católico, aplicando humildad, amistad y perseverancia cada día…

Opción 4. Responde lo que te dé la gana. A la carta. ¿Qué? ¿Cómo?

Si nos hacen una pregunta inadecuada o ilegal, en mi opinión, nos autorizan a responder lo que queramos y nos dé la santísima gana. Lo que más nos favorezca. Aquello que en tu opinión más beneficia a tus intereses, por ejemplo:

¿Piensas ser madre?

— No puedo tener hijos, estoy hecha a la idea.

Te contratan. Te quedas embarazada. ¡Milagro!

— Vaya sorpresa tan inesperada — comentas al empleador cuando le comunicas tu futura maternidad..

Así es la biología y sus misterios. ¡Enhorabuena! Ahora solo te falta resucitar un muerto y puedes crear una nueva religión :)

¿Tienes hijos?

— Todos son mayores y autónomos. Hacen su vida.

Te contratan y resulta que tienes a Jorge de 12 años y María de 10.

— Yo es que los veo muy mayores en comparación a cuando gateaban. Son plenamente autónomos, van al baño y comen ellos solos.

— En horario escolar hacen su vida educativa.

Percepciones distintas sobre ser mayor y autónomo. No pasa nada.

Ante las preguntas ilegales, todas aquéllas que no puede hacer el entrevistador porque atentan contra las leyes por no discriminación en materia laboral, es legítimo, en mi opinión, que contestes lo que quieras.

Siéntete libre de elegir cómo responder.

Hemos visto cuatro opciones, decide en cada caso cuál escoger.

KO & OK

KO. En este caso el **único KO es el entrevistador.** El candidato haga lo que haga obrará bien.

OK. Llega la pregunta **inadecuada**. A veces contesta con mano izquierda, otras lo que cree **adecuado** decir en su beneficio o responde con sinceridad, depende.

Ideas clave
1- Preguntas ilegales e inadecuadas: Hay temas sobre los que no nos pueden preguntar.

Son los relativos a género, familia, origen, nacionalidad, raza, edad, sexo y creencias, porque es discriminatorio y atenta contra el ordenamiento jurídico.

2- Sé previsor. Prepárate. Si el entrevistador hace mal, muy mal su trabajo e indaga en estos temas, lleva **preparada la respuesta** con el enfoque que desees: mano izquierda, enfoque ojo por ojo, sincero o a tu aire.

Responde lo que creas adecuado contestar. Lo que te salga de los...argumentos :)

3- Optes por el tipo de respuesta que optes, si te preguntan sobre estos temas te sentirás incómodo. Utiliza la misma técnica y metodología que hemos visto para afrontar nuestras **preguntas incómodas:**
- Responde **sin divagar** como un francotirador, al grano y de manera contundente.
- Con frases de **menos de 20 palabras.**
- Tras tu respuesta el silencio es tu mejor aliado, que lo gestione el (mal) entrevistador.

PARTE V: EJECUCIÓN

Top preguntas. Lo previsible

Más del 80% de las preguntas que se plantean en las entrevistas de trabajo son predecibles.

Antes cuando viajaba me inquietaba lo desconocido, no saber qué me iba a encontrar. Ahora gracias a Google Maps y Street View esa ansiedad desaparece o disminuye, porque antes de iniciar el viaje puedo visualizar lo que encontraré. Lo desconocido deja de serlo.

La mayoría de las cuestiones que se plantean en las entrevistas no deben ser una sorpresa inesperada para ti si has preparado la entrevista. Ningún aspecto debe pillarte desprevenido. Ninguno.

Idea clave
¿Por qué son previsibles las preguntas? Muy sencillo, porque el objetivo de la entrevista de trabajo es averiguar si hay adecuación entre la persona y el puesto. Si el candidato es el profesional capaz de solucionar los problemas de la organización.

Para obtener esta información no es necesario buscar preguntas ocurrentes, distintas o novedosas. No, sirven las de siempre.

Las preguntas son herramientas para encauzar la reunión, dirigirla y obtener información.

En los siguientes capítulos vamos a ver las preguntas más habituales en las entrevistas. Cuestiones que el seleccionador plantea una y otra vez en todas las entrevistas.

Conocer las preguntas más frecuentes es tu Street View. Lo desconocido deja de serlo para ti.

Los Beneficios que obtienes a raíz de conocer y preparar las preguntas que se repiten una y otra vez en las entrevistas son:
- No hay sorpresas. Sabes a qué te enfrentas.
- Conoces qué necesita saber de ti el entrevistador y el por qué de cada pregunta.
- Puedes elaborar la lista de ideas a transmitir en cada pregunta y preparar tus speeches.
- Incrementas tu nivel de confianza.
- Controlas los nervios. Sabes a qué te enfrentas.
- Te proporciona una ventaja frente al resto de candidatos. Tus probabilidades de triunfar en el proceso mejoran.

Con la debida preparación, darás respuestas detalladas, concisas, útiles y relevantes. Es lo que los seleccionadores quieren, necesitan y desean escuchar.

En función del tipo de entrevistador realizará unas u otras preguntas. Debes preparar el mayor número posible de las que veremos a continuación para afrontar la entrevista con altas probabilidades de ser el candidato que triunfe.

En los siguientes capítulos vamos a analizar las **preguntas** más frecuentes, habituales e importantes.

De cada pregunta examinaremos:
- El por qué de cada una de ellas. Qué busca el seleccionador.
- Qué hay detrás de cada pregunta.
- Cómo orientar tu respuesta.

Qué decir. Qué ideas transmitir depende de ti. Es tu trabajo.

Las preguntas que vamos a ver son el **Top**, bien por su importancia, transcendencia o frecuencia.

En este capítulo te ayudo a orientar tus respuestas para que logres destacar, transmitir lo mejor de ti, de tus habilidades, logros, éxitos, que indiques todos aquéllos aspectos destacables que te hacen ser distinto, único y un activo valioso.

En función del esfuerzo que dediques a la **preparación** así será el resultado, de ti depende, es tu responsabilidad.

Recuerda los cementerios laborales están llenos de candidatos que fiaron toda su suerte a improvisar en la entrevista…

— Iré y seré yo mismo.

Sé tú mismo y sé espontáneo desde la preparación. Serlo desde la improvisación suele abocar al fracaso.

Estás dando un paso importante al leer este libro, te proporciona una ventaja competitiva frente al resto de candidatos. Aprovéchala. (Gracias por dedicar tu tiempo a su lectura)

Recuerda que la entrevista de trabajo:
1- No es un examen.
2- No es una oposición.
3- Preparar la entrevista, no significa llevar respuestas enlatadas, prefabricadas, se nota y queda fatal.

Lo importante es tener claro qué ideas quieres transmitir. Utiliza las palabras que surjan ese día, lo mismo que haces en cualquier reunión importante de trabajo.

Si hay claridad de ideas, hay claridad en el mensaje.
No divagues. Ve al grano.

Saber qué hay detrás de cada pregunta te proporciona una ventaja, es como jugar al póker sabiendo la mano de tu oponente.

Recuerda que tu objetivo a lo largo de toda la entrevista es transmitir información relevante para el seleccionador tanto de carácter profesional como personal, acerca de tus logros, éxitos, conocimientos y entusiasmo por la posición.

Todo lo que comento de cada una de las preguntas que veremos a continuación: ideas, claves y posibles enfoques, son solo meros consejos y así debes tomarlos.

La respuesta a cada una de ellas, qué decir, qué información transmitir y cómo hacerlo es **tu decisión** y **responsabilidad.**

El octavo mandamiento

"No que me hayas mentido, que ya no pueda creerte, eso me aterra."
                                                              Friedrich Nietzsche

"El castigo del embustero es no ser creído, aun cuando diga la verdad."
                                                              Aristóteles

Llegados a este punto, y antes de analizar las preguntas más importantes y previsibles de la entrevista, es mi obligación mencionarte este precepto de la religión Cristiana.

"No darás falso testimonio ni mentirás."

Historia de la historia
En una entrevista en Sevilla para un puesto de administrativo. El candidato me comenta, casi finalizando, que como hobby le gusta **construir maquetas** de **aviones** (modelos a escala hechos en plástico). Da la casualidad que me apasiona el mundo de la aviación.

Le pregunto qué modelos ha construido. ¿Cazas actuales a reacción tipo F-18 Hornet, F-15 Eagle, F-14 Tomcat o Raptor? ¿Aviones de la II Guerra Mundial como el He 111, Me 109, Me 262, Spitfire o F4 Corsair? ¿Aviones comerciales de Boeing o Airbus? ¿Otros?

Enseguida queda claro, por su nerviosismo, que no tiene ni idea del tema. Ha comentado esta afición quizás como adorno, para mostrarse distinto, pero lo único que consigue es perder su credibilidad.

A partir de ese momento queda en entredicho todo lo que ha transmitido. Ha pecado contra el octavo mandamiento y dura es la penitencia.

Idea clave

Sean cuales sean tus creencias religiosas, o la ausencia de ellas, aplica el VIII Mandamiento: **NO MIENTAS en las entrevistas.**

Si lo haces y eres descubierto pierdes toda tu credibilidad, serás descartado y saldrás del proceso, porque el seleccionador cuestionará todo lo que has dicho o digas. No confiará en ti.

¿Qué probabilidades hay de ser descubierto cuando mentimos en una entrevista? Altas, el seleccionador es un profesional entrenado para obtener información, detectar inconsistencias, inexactitudes, mentiras y engaños. No lo hagas.

Es una cuestión de números. ¿Cuántas entrevistas has hecho como candidato? ¿5, 7, quizás 10? ¿Cuántas habrá hecho el entrevistador? ¿500, 1.000 ó 2.000 entrevistas? ¿Quién ha pasado más veces por este proceso? ¿Quién tiene más experiencia y formación?

No mientas. Emplea tus esfuerzos en:
1- Aprender cómo hacer de manera brillante una entrevista. Leyendo este libro vas por el buen camino :)
2- Dedicar tiempo para preparar todos los temas importantes que hemos visto, tus habilidades, listado de ejemplos relatando tus éxitos, conocer la empresa, preparar preguntas...
3- Practicar tus speeches, tus respuestas a los temas previsibles que plantea en la entrevista el seleccionador.

Tras comentarte este importante precepto del cristianismo procedamos a estudiar las preguntas más importantes que surgen una y otra vez en las entrevistas.

Quién. Por qué. Qué

Las 3 preguntas clave en la entrevista. Te la juegas ¿Cuáles son?

¿Quién? ¿Por qué? ¿Qué? Estas tres preguntas son la esencia de todas las entrevistas de trabajo.

El objetivo de la entrevista es saber quién eres, cuál es tu motivación por el puesto y qué aportas, cúal es tu propuesta de valor, qué solucionas y que contribución podemos esperar de ti.

Todas las preguntas en una entrevista son importantes, pero estas tres son claves. Es fundamental prepararlas, cómo responder y qué ideas transmitir.

Es un grave error no hacerlo, ir a la entrevista en modo candidato KO, ya sabes, improvisando.

Las tres preguntas vitales en una entrevista son:
1- Quién eres. Háblame de ti. Cuéntanos lo más importante sobre ti. Qué destacarías de ti.

2- ¿Por qué quieres trabajar con nosotros? ¿Por qué te parece interesante esta oferta de empleo? ¿Por qué quieres participar en este proyecto?

3- ¿Por qué tenemos que contratarte a ti? ¿Qué ofreces tú? ¿Qué te hace distinto? ¿Por qué tú? ¿Qué aportas?

Vamos a analizar cada una de ellas en los siguientes capítulos.

Quién eres. Háblame de ti

Cuéntame sobre ti. Cuéntame lo más relevante de ti
Qué destacas de ti

El seleccionador busca saber los aspectos más importantes sobre ti. Quiere obtener información relevante.

Resulta serlo todo aquéllos aspectos que dejan claro y ponen de manifiesto que eres la persona adecuada para solucionar los problemas del puesto y resolver sus necesidades.

Recuerda que durante la preparación de la entrevista has dedicado tiempo a detectar los problemas a los que se enfrenta el puesto de trabajo al que optas. Qué preocupa a la organización.

Cuenta lo más relevante. Prepara una respuesta, tu speech, un discurso breve y habla de:
- **Experiencia,** destaca todo aquello que coincida con el puesto al que te presentas.
- Qué solucionas.
- Principales **logros** y **éxitos** profesionales.
- **Habilidades**, señala puntos que encajen, permiten que te visualicen en ella.
- Haz un breve **resumen** de tu historial profesional.
- Qué has aprendido a lo largo de tu carrera.
- Idiomas.
- Informática-IT.
- Formación reglada y formación específica relacionada con la posición para la que te entrevistan.
- Puedes concluir preguntando al entrevistador si hay algún otro aspecto que quiera saber o necesita que profundices.

Debe tener una duración de hasta 30 segundos. "Hasta" significa que más vale ser brillante en 15 segundos que aburrir en 30. Utiliza sólo el tiempo necesario para cautivar.

Ejemplo. Candidato para un puesto de visitador farmacéutico para un laboratorio.

— Soy VISITADOR FARMACÉUTICO. Tengo 10 años de experiencia en visita farmacéutica. Comercializando distintos productos sociosanitarios.

— Mis principales logros son:

— Consigo objetivos de ventas por encima del 100 % anual.

— He logrado abrir mercado en todos los laboratorios que he estado. Con una media de 14 clientes nuevos cada año.

— He logrado crear mi propia cartera de clientes del sector farmacéutico en tiempos de crisis.

— Tengo 74 farmacias clientes en la Comunidad de Madrid.

— Facturación anual superior a 850.000 €.

— Tengo disponibilidad para viajar y dispongo de vehículo.

En este Speech cada potente idea ha sido transmitida con **menos de 20 palabras**. **Excelente.**

El candidato ha comunicado su esencia. **Lo hace en 25 segundos.** Ha sabido captar poderosamente la atención del entrevistador desde el primer segundo. Arranque fulgurante. ¡Genial! A partir de este momento el seleccionador seguirá la reunión…

— ¿Qué hacías para lograr los objetivos anuales (100%)?
— ¿Cómo captas farmacias clientes? ¿Qué haces?
— ¿Que tipo de productos comercializas?
— ¿850.000 € anuales de facturación está en la media respecto a tus compañeros visitadores?, ¿por encima o por debajo? …

¿Por qué quieres trabajar con nosotros?

¿Por qué te parece interesante esta oferta de empleo? ¿Por qué has decidido registrarte en esta oferta? ¿Por qué te gustaría trabajar con nosotros?

Esta pregunta es un auténtico tesoro, te permite poner de manifiesto la ilusión que tienes por entrar a formar parte de la organización. **Aprovéchala.**

Recuerda que la entrevista tiene que ser una **transferencia de entusiasmo**, debes dejar patente tu motivación por el puesto y la organización.

Esta pregunta es tu oportunidad para despejar dudas de este aspecto crucial del proceso. ¿Quiere trabajar con nosotros por motivación o desesperación?

En tu respuesta pon de manifiesto que los conoces, muestra sinceridad y huye de frases "copy-paste", ya sabes a qué me refiero, a las palabras típicas, sé distinto y único . Huye del rebaño.

Veamos un ejemplo de entrevista para un puesto en **NIKE:**

Entrevistador:

— **Ana, ¿por qué quieres trabajar de Assistant Store en Nike?**

A- Respuesta de Ana en plan **KO...**

— Sería fenomenal trabajar en una empresa como NIKE, todo un referente en su sector, me encanta su ropa…

B- Respuesta de Ana en modo **OK...**

— Carlos, hay muchos motivos por los que considero un privilegio entrar a formar parte de Nike.

— Voy a destacar los tres más importantes…

— 1. Busca **desarrollar** el talento de su plantilla con programas formativos, por eso tiene el premio como "Compañía Más Innovadora"

— 2. Busco una organización que se preocupe por mi desarrollo profesional, como lo hace **Nike**.

— 3. **Nike** está continuamente **innovando** en prendas, tejidos, políticas de marketing y en gestión de la diversidad cultural de su plantilla, encaja con mi mentalidad inquieta, siempre buscando hacerlo mejor y distinto.

— 4. **Nike** significa "**Diosa de la Victoria**" y lo es, ha conseguido ser la **número 1** con **40.000** millones de $ de facturación, **76.000** empleados y liderazgo en patrocinios deportivos

— 5 Sería toda una **victoria para mi** entrar a trabajar en **Nike** :)

Deja claro qué te motiva, transmite entusiasmo, ilusión y ganas, recuerda…

Talento es saber y querer.

Esta pregunta es una gran aliada para dejar claro que **"quieres"** este trabajo. Tu motivación.

¿Por qué tú?

¿Qué problemas resuelves? ¿Qué solucionas? ¿Cuáles son tus habilidades profesionales por las que deberíamos pagarte? ¿Por qué tenemos que contratarte a ti? ¿Cómo nos vas a hacer ganar dinero?

La respuesta a esta pregunta tiene que transmitir **qué solucionas**, **cómo ayudas**, **qué aportas** para mejorar la cuenta de resultados de la empresa. Cómo les vas a hacer ganar dinero.

Idea clave
Hay muchas fórmulas de ayudar a mejorar la cuenta de pérdidas y ganancias de una organización:

Incrementando las ventas, ahorrar en compras o en suministros, lograr clientes satisfechos, reduciendo periodos de cobro, evitando impagados, disminuyendo los errores en los procesos…

…incrementando el número de clientes, fidelizándolos, creando impacto en las redes sociales, rapidez, exactitud, reduciendo tiempos, reduciendo el coste de la financiación bancaria, captando socios para financiar la ONG…

De las diversas maneras que hay de influir en los resultados de la organización. ¿Cómo lo haces tú? ¿Qué puedes aportar? ¿Qué solucionas?

KO & OK ¿Por qué tú?

KO
— Soy el mejor, soy muy bueno, soy un excelente profesional. Me esfuerzo hasta que las cosas salen. Mucho.

OK.
Relatará qué ha conseguido. Sus logros, cuantificando y aportando cifras. Expondrá qué acciones llevó a cabo. Qué hizo para ser exitoso y transmitirá cómo puede ayudar a mejorar los resultados de la compañía.

Quién. Por qué. Qué
En resumen, dedica tiempo a preparar los tres speeches con las respuestas a estas tres vitales cuestiones. Son la esencia de la entrevista. Da respuestas claras, convincentes y transmite una imagen positiva al seleccionador de ti.

Estas tres preguntas se pueden hacer literalmente tal y como hemos visto, o de manera similar, lo importante es que interpretes qué es lo que busca el entrevistador tras cada una de ellas.

Recapitulates:
1- Que cuentes lo más importante e interesante para él (vea identificación entre lo que has conseguido y lo que necesitan conseguir o solucionar).

2- Por qué quieres trabajar en esta organización. Tu motivación.

3- Qué solucionas, cómo ayudas a solucionar problemas, mejorar la cuenta de resultados y que duerman tranquilos.

KO & OK

KO. No las prepara, habla de generalidades y vaguedades. No sabe captar el interés del seleccionador y divaga. Apuesta todo a improvisar. Esta estrategia suele acabar en nada.

OK. Ha preparado los 3 speeches, sabe transmitir en pocos segundos su esencia, motivación y qué puede aportar. Va al grano, con información relevante y dando cifras.

Ideas clave

1- La esencia de la entrevista es dejar claro quién eres, tu motivación y qué solucionas. Quién. Por qué. Qué.

2- Prepara tus speeches, dedica tiempo. Merece la pena.

3- Talento es saber (formación, experiencia, habilidades, idiomas, informática…) y querer, actitud positiva, ganas, ilusión por el trabajo, puesto y compañía. Si no queda patente tu entusiasmo y motivación, se dificulta tu continuidad en el proceso de selección.

4- Un proceso de selección es, en esencia, la búsqueda de un solucionador, de un profesional capaz de resolver y hacer ganar dinero. ¿Por qué tú? Te da la ocasión de comunicar tu valía.

¿Por qué quieres cambiar de trabajo?

¿Motivación? ¿Desesperación?

El entrevistador quiere conocer los auténticos motivos que te inducen a participar en este proceso de selección.

Todos ellos, sean los que sean, son legítimos, pero unos pueden indicar motivación, mientras que otros pueden señalar desesperación.

En selección se busca y contrata a profesionales motivados. Incorporar a la organización a un profesional que le mueve solo la desesperación puede ocasionar errores de selección, porque quizás no tenga la actitud, el querer la ilusión necesaria y al final los resultados no sean los esperados.

El objetivo en tu respuesta es dejar claro que te has postulado a esta oportunidad profesional por motivación. No por desesperación.

Los principales motivos que pueden indicar desesperación en un candidato son:
1- Relaciones laborales difíciles y tóxicas.
2- Problemas con el actual jefe.
3- Problemas con los compañeros. Dificultades de convivencia.
4- Negros nubarrones en el horizonte laboral. Preocupado por ser despedido en breve. ERE...
5- Estás desempleado.
6- No te gusta tu actual trabajo.
7- Motivos salariales. Escaso salario. Cuando tu única motivación es solo mejorar tu actual retribución.
8- Estás en situación de desempleo
9- Otros...

Todos ellos son motivos lícitos para querer cambiar de trabajo, pero indican desesperación, desilusión y falta de entusiasmo.

Si has iniciado tu búsqueda de trabajo por alguna de estas causas, decisión prudente y correcta, deja claro cuál es tu motivación e ilusión por la propuesta laboral que te ofrecen.

Idea clave
Transforma desesperación en preocupación. Has iniciado la búsqueda porque te inquieta tu actual situación y tu futuro laboral y, de las distintas opciones que has estudiado, has decidido hacerles llegar tu candidatura porque te motiva trabajar en su organización.

Cómo enfocar esta importante pregunta:

Céntrate en **comunicar aspectos positivos** que indican tu motivación fuera de toda duda, transmite tranquilidad y permite que el entrevistador piense...

— OK. Todo encaja.

Enfoca tu respuesta en los motivos que indican entusiasmo. Comunica y argumenta dos o tres.

Te pongo algunos ejemplos. Recuerda añadir tras el enunciado el por qué (la argumentación), si no lo haces sonarán a palabras huecas.

1- Oportunidad profesional y por qué.
2- Progresión en la carrera profesional y por qué.
3- Supone un desafío y por qué.
4- Crecimiento profesional y por qué.
5- Prestigio de la organización y por qué.

6- Retornar a mi ciudad de origen, ésta no debería ser tu única razón, tranquilizará si va acompañada de otros motivos que indiquen entusiasmo por el puesto y la empresa.
7- Asumir más responsabilidades y por qué.
8- Cambio de carrera, transición profesional y por qué.
9- Poder aplicar mis habilidades y por qué.
10- Adquirir nuevas habilidades y por qué.
11- Formar parte de una organización con sistemas de gestión modernos y por qué. Pon ejemplos.
12- Nuevos desafíos en la carrera profesional. Explica qué tipo de desafíos esperas.
13 Cualquier otra que estimes oportuno transmitir y por qué.

El seleccionador, el buen seleccionador, debe ser un detector de motivación o de desesperación. Tenlo en cuenta.

KO & OK

KO
— Mi trabajo actual no me termina de gustar, mi jefe es complicado, mis compañeros son unos tarados y además me siento mal pagado. Cobro muy poco.

OK 1
— Carlos en mi actual puesto y empresa estoy muy bien, disfruto de todo lo que hago y la relación con mi jefe y mis compañeros es magnífica.

— Estoy buscando un cambio en mi carrera, por varios motivos...

— Busco crecimiento profesional, quiero dirigir un equipo más numeroso, con mayor presupuesto y gestionar proyectos ambiciosos.

— Quiero trabajar en una organización de prestigio como la vuestra. Os han otorgado el **Premio a la innovación 2020**.

— Habéis aterrizado en **tres** nuevos mercados en el último año y tenéis crecimientos en la facturación anual cercanos al **10%**. Es impresionante.

— Además nos permite volver a nuestra ciudad de origen. Mi mujer y yo somos de aquí, tenemos familia, amigos y es un plus para nosotros.

OK 2

— Llevo 7 años trabajando en mi actual puesto de carnicero en el mercadillo de la calle Delicias, donde estoy fenomenal.

— Me encantaría poder trabajar en una gran empresa de distribución como es ésta y poder aprender sistemas de gestión modernos.

— Seguro que puedo asimilar nuevas habilidades en el mundo de los productos frescos, más allá de los chuletones. Aprender a ser pescatero, charcutero, pastelero o panadero y poder mejorar mi empleabilidad.

Ideas clave
1- El entrevistador quiere saber si el cambio de trabajo que buscas es por motivación o por desesperación.

2- Tu objetivo es transmitir motivación, ilusión, entusiasmo, tranquilizar al seleccionador y que piense…

— Vale, muy bien es lógico, tiene sentido.

3- Un esquema aconsejable para contestar esta pregunta es:
A- Primero comenta los aspectos positivos de tu actual puesto y empresa.
B- Por qué buscas un cambio.
C- Enumera las razones por las que te interesa su propuesta profesional. Transmite motivación e ilusión. No desesperación.

¿Cuáles son tus debilidades?

La temida pregunta de todos los candidatos

— Aquí está, ya apareció. Ahí voy. Ésta me la sé. No me pilla.

— Bueno, bien, me caracterizo por ser muy muuuuuy, pero que muuuuy perfeccionista. Solo hay perfección a mi alrededor, todo perfecto, sí señor, así me gusta, perfeccionando vivo y perfeccionando voy.

Es una pregunta odiada.

— Hey, he venido para contar lo bueno que soy, no para confesar mis debilidades y defectos. No estoy en la consulta de mi psicólogo.

¿Mi experiencia? Más del 80% de los candidatos siguen escudándose en respuestas cliché, intentando camuflar como debilidades fortalezas.

— Me implico, exigo, soy exigente, perfecciono…

¿Por qué se hace esta pregunta? ¿Que busca el entrevistador o la entrevistadora?

1- En ocasiones se trata de averiguar cuáles son los aspectos débiles del candidato, así de sencillo.

2- Buscar honestidad.

3- Indagar qué esfuerzos ha hecho de superación. ¿Ha sido capaz de neutralizar sus debilidades?

4- ¿El candidato se conoce? ¿Sabe cuáles son sus debilidades?

4- En ocasiones esta pregunta busca **reacción, no información.** Sucede cuando el puesto requiere temple y control. Hablamos de este aspecto en el capítulo: ¿Qué esconde cada pregunta?

6- En otras, es sencillamente, porque está en el guion de "Las preguntas imprescindibles". Muchos entrevistadores la consideran de manual.

En mi caso, suelo utilizar esta pregunta para **tensionar** al candidato en aquellos puestos que requieren tener el estrés bajo control, dominar la presión y saber enfrentarse, con éxito, a situaciones de alta tensión en el puesto de trabajo.

Hago la pregunta, responden en modo automático con un cliché, ya sabes, intentando camuflar como debilidad una fortaleza y de esta manera salir del paso.

— Me exijo mucho, soy exigente. Hasta la perfección y más allá…

Tras escuchar, tensiono.

— No, eso no son debilidades. —Vuelvo a realizar la pregunta e insisto.

Creo incómodos silencios, vuelvo a interrogar una y otra vez. Observo cómo reacciona. ¿Muestra serenidad? ¿Control? ¿Temple?

Cómo preparar y enfrentarse a esta pregunta.

1- No preparar previamente esta pregunta e improvisar una respuesta es una muy mala decisión. Los nervios y la tensión del momento no son los mejores ingredientes para ser ocurrente y salir airoso de la situación.

2- Busca debilidades que no interfieran con las habilidades necesarias para un buen desempeño. Evita describir una debilidad que tenga relación directa con el puesto al que optas.

3- Busca debilidades con las que todos nos podemos **sentir identificados.** De carácter general.

4- **Lo más importante. Destaca qué estás haciendo para solucionar esa debilidad,** demuestra desde el ejemplo tu capacidad de superación personal y esfuerzo. Di cuál es tu **plan de acción** para que deje de ser una debilidad. Cómo la estás neutralizando.

5- No disfraces fortalezas como debilidades, no cuela, por favor no digas frases de tipo:

—Soy adicto al trabajo, hasta la perfección...

—Me exijo mucho, soy muuuy, pero que muuuuuuy exigente.

—Me preocupo en exceso por mi trabajo, siempre pendiente.

6- No entres en pánico. No te bloquees.

— ¿Debilidades? No, ninguna.

7- Evita parecer raro.

8- Evita ser demasiado sincero.

9- Usa la **técnica D.A.R** para contestar esta pregunta. **Debilidad. Acción. Resultado.**

A- **Debilidad.** Comenta tu debilidad. Puedes añadir el problema que provoca dicha debilidad. Cómo te perjudica.

B- **Acción.** Qué has hecho para neutralizar dicha debilidad o transformarla en fortaleza.

C- **Resultado**. Comenta qué has obtenido. Pon de manifiesto la transformación que se ha operado en ti.

KO & OK

KO

— ¿Debilidades? Soy un absoluto perfeccionista, con alto nivel de exigencia, a la par que adicto al trabajo. La única droga que consumo.

OK 1

— Me pongo nervioso cuando tengo que **hablar en público** o ante grandes grupos. (Debilidad y problema)
— He **leído** varios libros de oratoria, visto en **youtube** charlas TED protagonizadas por excelentes oradores. Practicado siempre que puedo (Acción)

— Ahora ya controlo los nervios y domino la técnica. (Resultado)

¿Quién no se pone nervioso cuando tiene que hablar en público? Todos.

OK 2

— Me cuesta **delegar**, siento la necesidad de controlar, delegar me hace sentir que lo pierdo. (Problema y debilidad)

— Pero me he dado cuenta que me **impide avanzar** en los proyectos a la velocidad adecuada. (Perjuicio)

— Ahora hago una **lista** con las habilidades clave para cada tarea y busco quién de mi equipo las posee y confío en él. (Acción)

— Me permite **dedicarme** a tareas cruciales e ir más rápido. (Resultado)

Delegar siempre preocupa. La clave es saber qué y en quién delegar.

OK 3
— Normalmente suena el despertador y doy un salto de la cama, pero a veces, hay épocas que me cuesta **levantarme.** (Problema y debilidad)

— Lo que hago es ponerme al inicio de la mañana temas importantes que me gusta hacer y disfruto, ésto me ayuda a dar un salto de la cama. (Acción y resultado)

— Eso sí siempre **soy puntual**, jamás he llegado tarde, nunca. (Aclaración)

¿Quién no ha tenido épocas así? Es un problema que has solucionado y te humaniza. Bien, puede servir.

Estos son tres ejemplos de debilidades con los que es fácil sentirse identificado, por lo menos, tener la comprensión del entrevistador y salir airoso.

Preparar bien cómo responder a esta pregunta y hacerlo de manera brillante te da un extra de credibilidad.

Historia de la historia
Recuerdo una entrevista para un puesto de diseñador gráfico para un periódico del grupo donde prestaba mis servicios como Director de Personal.

Se trataba de la segunda entrevista, estábamos el jefe del departamento, Macarena (la candidata) y servidor.

Concluía la entrevista, cuando le comento a Antonio (jefe de departamento) si quería hacer alguna pregunta más. Antonio se queda pensativo y le comenta a la candidata:

— Macarena, háblanos de alguna debilidad que tengas.

La candidata se queda pensativa y responde…

— Mi mayor debilidad es el **chocolate (de comer)**, me ponen una tableta delante y no veo el fin hasta que la termino, no puedo reprimirme…"

Nos reímos. Logró salir del envite con desparpajo y sentido del humor.

¿Qué sucedió con Macarena? ¿Cuál fue el resultado?

Decidimos contratarla por los siguientes motivos:

1- Era una excelente profesional, poseía las habilidades y logros que queríamos incorporar.

2- **Demostró.** Llevó un book con sus brillantes diseños. Ganó en credibilidad al mostrarnos ejemplos de su trabajo. ¿Hay mayor verdad que el famoso dicho: **" Ver para creer"**?

3- Cada poro de su piel emanaba **ilusión** y **entusiasmo** por trabajar en nuestro periódico. Mostró una excelente actitud a lo largo de todo el proceso.

4- Todo indicaba que era una persona capaz de generar un buen ambiente de trabajo. Incluido su sentido del humor y desparpajo.

Ideas clave
1- Prepara bien tu respuesta a esta pregunta, hacerlo te dará un plus de credibilidad y honestidad. Huye de respuestas prefabricadas, tratando de disfrazar fortalezas como debilidades. No vale.

2-Tras esta pregunta el seleccionador puede buscar información o reacción. Ten cuidado.

3- Cómo enfocar esta pregunta:

A- Comenta debilidades que **nada** tengan que **ver** con las **habilidades** requeridas para el éxito en la posición a la que optas.
B- Relata debilidades de **carácter general** con las que cualquiera se puede sentir identificado.
C- Recalca qué haces para solucionarlas, deja claro tu capacidad de **superación** y de **esfuerzo**.

4- Utiliza el método D.A.R como técnica de oratoria.

A- Debilidad. Relata la debilidad que quieres compartir con el entrevistador.
B- Acción. Comenta las acciones que has emprendido para su neutralización.
C- Resultado. Indica qué has obtenido. La meta alcanzada.

5- Lo más importante, deja patente **todo lo que has hecho para superar esta debilidad.**

¿Cuáles son tus puntos fuertes?

Esta pregunta es la esencia. La clave. De ésto trata el proceso de selección.

El seleccionador quiere averiguar cuáles son tus fortalezas, habilidades, conocimientos y, si con ese bagaje eres capaz de solucionar los problemas y los retos a los que deberías hacer frente en el puesto de trabajo.

¿Qué busca el entrevistador? Quiere conocer si:
- Coinciden tus fortalezas, habilidades, conocimientos, logros y experiencia con las que el puesto requiere para lograr un desempeño exitoso.
- Quiere averiguar si eres capaz de solucionar los problemas del puesto y solventar los retos que se presenten.
- El seleccionador comparará tus fortalezas con las proporcionadas por los otros candidatos.
- Transmitir un **sincero entusiasmo** por la propuesta profesional también será valorado por el entrevistador como una fortaleza.

Es otra pregunta que debes incluir en la preparación de la entrevista. Pautas que te aconsejo seguir:

1- Investiga qué fortalezas son necesarias para un excelente desempeño en esa posición. La descripción de la oferta de trabajo te da pistas.

2- Todo es nada. Selecciona entre 3, máximo 5 fortalezas, las más importantes que son necesarias y que posees.

3- Sé creíble. Proporciona ejemplos y da cifras que corroboran tu relato.

El ejemplo es la fuente de la que emana la credibilidad.

4- Manifestaciones de tipo...

—**Soy un excelente jugador de equipo, trabajador y buen comunicador,** debes evitarlas, no contribuyen y hastían, salvo que vayan acompañadas de potentes ejemplos que las validan.

KO & OK.

Entrevista para el puesto de **"Técnico de Exportación".**

Entrevistador

— ¿Qué fortalezas posees? ¿Cuáles son tus principales puntos fuertes?

KO
— Me involucro, sé trabajar en equipo y hasta la extenuación. Poseo excelentes dotes de comunicación en inglés.

OK:
— Carlos, te comento mis **3 principales fortalezas...**

— Tengo **6 años** de experiencia como técnico de exportación, en **3 sectores** distintos: automoción, electrónica de consumo y moda.

— Poseo experiencia exportando y abriendo negocio en **Europa, América y Asia.** Responsable de gestionar carteras de hasta **6 millones €.**

— Tengo nivel de **Inglés B2.** Puedo mantener sin problemas conversaciones telefónicas, por skype o presenciales.

Ideas clave
1- **Investiga** el puesto, qué fortalezas necesitan. Compáralas con las que posees y busca **coincidencias.**

2- En la entrevista resalta tus entre **3 y 5 fortalezas coincidentes,** procura que sean claves para un excelente desempeño en el puesto, salvo que creas muy justificado comentar una sexta o una séptima.

3- Pon **ejemplos**, **proporciona cifras,** cuantifica, evita frases prefabricadas. Haz que el seleccionador vea esa coincidencia.

— Estas son las fortalezas que necesitamos para el éxito en el puesto y esta candidata las tiene. OK — reflexiona el entrevistador.

¿Cuál es tu mayor fracaso? Método I.C.A

Nadie quiere hablar de sus errores y fracasos profesionales, mucho menos en una entrevista. Esta pregunta puede ser una pesadilla para el candidato.

No preparar la respuesta suele provocar un silencio incómodo y desatar los nervios, es difícil en esa situación tener suficientes reflejos y salir airoso.

Esta pregunta es típica de **entrevistas conductuales o por competencias.**

En éstas el candidato debe demostrar sus habilidades con ejemplos basados en sus anteriores vivencias profesionales a lo largo de su experiencia profesional o en el ámbito personal.

Esta modalidad de entrevista busca predecir el futuro desempeño del candidato en base a lo sucedido en su pasado.

En este caso, el entrevistador quiere conocer experiencias negativas que has tenido a lo largo de tu carrera profesional.

— Cuéntame qué salió mal, qué hiciste mal, quiero saberlo.

El entrevistador no busca profesionales inmaculados, que nunca han fallado, porque no existen. Solo quien nada hace no comete errores, pero pagar por nada carece de sentido. Es absurdo.

La experiencia es un cúmulo de errores de los que debemos aprender.

Qué busca el seleccionador:
- Averiguar cuál es tu grado de autoconocimiento.
- Si tienes espíritu crítico.

- Sabes aprender de tus fracasos.
- Asumes riesgos.
- Actúas sobre seguro. Eres excesivamente conservador.
- Cuál es tu nivel de honestidad.

Qué no hacer:
- No responder a la pregunta

— En estos momentos no encuentro ningún error relevante en mi carrera…

- Enumerar errores críticos que hagan dudar de tu valía para el puesto y pongan en peligro tu candidatura.
- Sobredosis de sinceridad.

— Hay tantos, no sé por dónde empezar…

- Contar un fracaso y echar la culpa a todos sin asumir responsabilidades

— No fue por mí …

— …fue, ya sabes … culpa de fulanito, la crisis, la competencia, el Brexit, la guerra comercial, era año impar, la sequía, la gota fría tirando a templada...

Cómo enfrentarse a esta pregunta. El método I.C.A. Inicio. Control. Aprendizaje

1- Inicio. En el albor de los tiempos. Busca algún error que sucedió al principio de tu carrera profesional, cuando eras novato, joven e inexperto.

2- Control. Impacto controlado. Fracaso que no fue excesivamente grave, ni dramático y con pérdidas asumibles. No fue un quebranto crítico.

3- Aprendizaje. Lo más importante. Fue una lección impagable, nunca más te ha vuelto a suceder, jamás, aprendiste la lección y no se ha vuelto a repetir.

KO & OK

KO1
— ¿Fracasos? …. hum… … … … nada, en estos momentos no recuerdo **ninguno** digno de mención.

KO2
— ¿Fracasos como cirujano cardiovascular? Al principio cuando hacía guardias como MIR en cada una de ellas falleció algún paciente por mis errores, en total **19 difuntos,** pero fue una lección impagable, nunca más cometí esos fallos…

OK 1:
— Al principio de mi carrera como Jefe de Personal, hice firmar a una trabajadora un contrato en fraude de ley, el comité de empresa lo detectó y tuvimos que hacerla indefinida.

— Afortunadamente era una excelente trabajadora.

— En mis **20 años** en la profesión jamás me ha vuelto a suceder, nunca, fue una gran lección. Todos los contratos cumplen escrupulosamente la legislación laboral.

OK 2:
— En la empresa suministros XYZ, como jefe de equipo de ventas y en mis 2 primeros trimestres no llegué a los objetivos de ventas.

— Me di cuenta que fue porque no conocía bien las fortalezas de mi equipo, ni sus habilidades, asignaba erróneamente rutas y clientes. Casi me cuesta el empleo…

— Fui consciente de ello, supe detectarlo a tiempo

— ...desde entonces siempre hago un esfuerzo de comunicación, conocer a mi equipo en lo personal y como profesionales, involucrarles, que se sientan parte del proyecto, estén motivados y asignar correctamente rutas y clientes.

— Ahora, lo habitual es llegar a objetivos de ventas trimestre tras trimestre, lo que me sucedió fue una lección dura pero, nunca más me ha vuelto a ocurrir. Aprendí la lección.

Ideas clave

1- ¿Cuál es tu mayor fracaso? Es una pregunta típica de entrevista conductual, trata de averiguar experiencias del pasado del candidato para tratar de visualizar su desempeño en el futuro.

2-Prepara debidamente esta pregunta y elabora tu speech.

3- Busca fracasos que sean:

a- Antiguos, preferiblemente del inicio de tu trayectoria profesional. En la etapa inexperta.
b- Fracaso que no haya sido excesivamente grave, con pérdidas asumibles y razonables.
c- Lo más importante: El aprendizaje que obtuviste, lección impagable, jamás has vuelto a cometer ese ni otro error parecido.

4- Utiliza el **método I.C.A**
a- **Inicio.** Relata un fracaso sucedido en los albores de tu carrera profesional.
b- **Controlado.** Impacto no gravoso. No critico.
c- **Aprendizaje.** Obtuviste una valiosa formación del incidente.

¿Cuál es tu mayor éxito profesional?

En selección por competencias el empleador busca detectar en el historial profesional del candidato ejemplos de desempeño laboral exitoso, siguiendo la máxima:

Éxitos del pasado indican altas probabilidades de éxito en el futuro

Lógico, tiene sentido. Supongamos que nos encargan el proceso de selección de un entrenador para el **Bayern de Múnich.**

Queremos contratar un míster que haya conseguido alzarse en el pasado con la Champions, una o más veces, porque si en el pasado ha logrado obtenerla, y ponemos a su disposición la excelente plantilla del Bayern de Munich, hay altas probabilidades que la gane para nuestro cliente.

¿Tiene sentido? Claro que sí.

En cambio, si contrato un entrenador que ha dirigido a equipos de entidad similar al Bayern de Munich y nunca ha logrado ganar la Champions, las probabilidades de obtener el trofeo en el futuro pueden ser menores que en el caso anterior.

Nada garantiza el éxito, pero este método dispara las probabilidades de obtenerlo, por eso la metodología de selección por competencias es una de las técnicas más utilizadas en selección.

Nota. "Fútbol es Fútbol" como diría Helenio Herrera. Nada garantiza la gloria o evitar la miseria.

Estamos ante otra pregunta habitual formulada en las entrevistas conductuales y de selección por competencias.

Casos de éxito y humildad.

En la vida hay numerosos momentos para ser humilde, pero una entrevista de trabajo no es uno de ellos, sin ser soberbio, ni arrogante y sin falsa humildad, tienes que contar con todo lujo de detalles el éxito o éxitos que hacen de ti un caballo ganador, un excelente profesional y un activo valioso.

Qué busca el entrevistador.

¿Eres una apuesta segura? ¿En tu historial profesional hay éxitos en el pasado que indican altas probabilidades de éxito en el futuro con nosotros?

Quiere saber qué te hace diferente, distinto, excelente, no desde el titular: Soy + excelente + ….

No, el empleador quiere escuchar ejemplos de éxito en tu carrera, sobre todo aquél o aquéllos que tienen identidad con el puesto al que optas.

Si optas a un puesto de **Técnico de Marketing Online** enumera tus exitosas campañas de publicidad en Facebook Ads, Google Ads e Instagram. No le hables de logros de tu época de administrativo de contabilidad al inicio de tu carrera o de compras de material promocional, no le interesará y no se sentirá identificado.

Cómo enfrentarse a esta pregunta. Ideas.

Busca casos de éxito en tu trayectoria profesional. Recuerda ésto forma parte de tu preparación de la entrevista. Pasos a dar:

1- Redacta un **listado** de éxitos a lo largo de tu carrera.

2- Selecciona los **3 mejores.** Aquéllos que sean más relevantes para el entrevistador. Busca identidad con el puesto al que optas.

3- De alto **impacto económico**, por ingresos, ahorros, reducción de errores, disminución de tiempos, incremento de clientes o de su grado de satisfacción por nuestros servicios...

4- Preferible si son logros **recientes,** impacta más escuchar:

— El mes pasado obtuve...

que...

— Hace 5 años, conseguí...

6- Gana en credibilidad. Siempre que puedas haz un esfuerzo por proporcionar datos, cifras, números o porcentajes. Recuerda que los detalles dan credibilidad a tu discurso. Guarda en todo momento la debida confidencialidad de la información.

7- Muestra entusiasmo por lo logrado y por la posibilidad de replicar esos éxitos para la empresa a la que optas en el proceso de selección.

8- Utiliza el **método ECO**. Relata el **É**xito que has obtenido y **CÓ**mo o por qué lo lograste.

KO & OK:

KO:
— Mi carrera está plagada de éxitos, soy un excelente vendedor, donde pongo el ojo, cazo la venta.

OK 1:
— El mes pasado conseguí un cliente que nos va a reportar 55.000€ en ingresos anuales.

— Llevaba detrás de él varios meses, tuve 3 reuniones, le invité a conocer nuestras instalaciones y sistema de trabajo, le convencí para hacer una prueba controlada con el producto "Y" para conocernos, salió fenomenal y ahora quiere trabajar con nosotros. Un gran éxito.

OK 2:
— Gestioné a principios de este año la campaña de Facebook ads para un importante cliente de ecommerce de nicho de smartwatches. Contaba con un presupuesto de 12.000€.

— Conseguimos unas ventas de 105.000 € con un coste por adquisición (CPA) 38% inferior. Todo un éxito.

OK 3:
— Hace un par de meses iba en ruta con mi camión con un valioso pedido de producto perecedero, se encendió el piloto de aviso de temperatura de agua alta

— Estaba a más de **100 km** de un taller para camiones, era la 1 de la madrugada, inspeccioné el motor, salía vapor de agua…

— Detecté que el problema era la electroválvula, estaba rota, hice un puente, activé el ventilador, bajó la temperatura del agua y pude seguir.

— Conseguí llegar a tiempo y con la mercancía a salvo. Eran productos valorados en **155.000 €.**

— Todo gracias a mis conocimientos y afición por la mecánica.

Ideas clave
1- ¿Cuál es tu mayor éxito profesional? Se trata de una pregunta de entrevista **conductual,** el seleccionador busca, a través de tus éxitos en el pasado, prever tus probabilidades de éxito en el futuro.

2- El entrevistador quiere detectar si:

A- Eres una **apuesta fiable.**

B- Qué te hace **diferente**, qué te hace destacar de los otros y ser el mejor candidato.

3-Prepara esta pregunta:

A- Redacta un listado con los éxitos que has tenido a lo largo de tu carrera profesional.

B- Elige los 3 mejores. Busca que sean relevantes para el entrevistador y que tengan identidad con la posición a la que optas.

Narrar tus éxitos como cocinero para un puesto de programador PHP no tiene mucho sentido. ¿No?

C- Alto impacto económico, por ingresos o por ahorro. Indica cifras, datos y números.

D- Cuanto más recientes mejor.

E- Expresa entusiasmo por los éxitos y por poder superarlos en el puesto y la empresa a la que optas en la entrevista.

4- Utiliza el **método ECO** en el relato. **Éxito. Cómo** (acciones que emprendiste, cómo lo alcanzaste o por qué).

A- **É**xito. Qué obtuviste.

B- **CÓ**mo. Acciones. Qué hiciste.

¿Cómo trabajas bajo presión?

¿Cómo manejas el estrés?

¿Eres el tipo de colaborador que queremos a bordo en nuestra organización cuando surjan las complicaciones? ¿Eres buen capitán con mar gruesa y olas de 10 metros de altura o solo con calma chicha?

¿Podemos contar contigo para hacer frente a un huracán? ¿En caso de pandemia? ¿Tienes temple o te bloqueas? ¿Tienes entereza o rompes a gimotear? ¿Resolutivo o estorbas? ¿Achicas o lloras?

El entrevistador necesita averiguar si eres **capaz de trabajar en un entorno exigente**, si sabrás soportar **situaciones de alta tensión y estrés**, averiguar cómo te enfrentas, las dominas o te paralizan, si posees entereza cuando la situación tiene mal cariz.

¿Controlas o descontrolas? ¿Arrojas la toalla o haces toallas?

Los puestos que necesitan la competencia de **tolerancia del estrés** son muchos y variados. Es habitual enfrentarse a situaciones de presión en un momento u otro.

Son situaciones comunes las que generan tensión, pensemos en las cajeras ante clientes poco educados, el caso de un bombero en pleno incendio con vidas en juego, un policía en un atraco, un informático tras ser hackeada su empresa o no arranca el servidor y hay 500 trabajadores sin poder acceder a la red de la empresa, o cuando nos adelantan los plazos en un proyecto que tenemos que presentar…

El caso de un formador con algún alumno impertinente, el fontanero que provoca una fuga de gas en una reparación, el profesional de relaciones laborales negociando con el comité de empresa, jefes, compañeros o subordinados incompetentes y maleducados…

¿Qué situaciones generan presión en las organizaciones? Innumerables, entre otras y a modo de ejemplo:

1- No cumplir objetivos de ventas.
2- Incumplir objetivos en general.
3- Desviaciones en los gastos.
4- Incumplir plazos.
5- Gestionar múltiples tareas simultáneamente.
6- Trabajar para varios responsables.
7- El trabajo en sí implica riesgo, profesiones como; bomberos, policías, artificieros, escaladores, personal de construcción, conductor trailer cargas peligrosas, piloto...
8- Adoptar decisiones trascendentales e importantes.
9- Actividades con gran responsabilidad habitual, jueza, cirujana, maestra...
10- Trabajar con personas conflictivas.
11- Tareas urgentes y/o no previstas.
12- Errores manifiestos.
13- Falta de habilidades.
14- Cambio en la planificación y las prioridades.
15- Cometer errores.
16- Acontecimientos dramáticos. Incendio, explosion, catástrofe...
17- Muchas otras...

La respuesta a esta pregunta también puede servir para obtener información de otras competencias laborales como:

1- Toma de decisiones.
2- Resolución de problemas.
3- Dotes organizativas.
4- Gestión del tiempo.

Opciones de enfoque:

Tu objetivo es transmitir que sabes mantener la calma en situaciones tensas, sabes poner orden en el caos, tomas el control, muestras entereza y transmites serenidad.

1- Explica cómo actúas bajo presión, haz ver que en estas situaciones:

A- Asumes el control.
B- La situación no se apodera de ti.
C- El desempeño no se resiente.

2- Proporciona ejemplos. Relata momentos de tensión, de estrés vividos y cómo reaccionaste, de qué forma los lidiaste con éxito. Son excelentes los ejemplos indicando que:

A- Sabes priorizar.
B- Eres multitarea, capaz de ejecutar varias de manera simultánea.
C- Sabes gestionar el tiempo de forma eficaz.
D- La tensión no te bloquea. No impide que pienses con claridad.
E- Sabes tomar decisiones rápidas y acertadas.
F- Eres calmado y transmites tranquilidad.
G- Sabes adaptarte de manera rápida a los cambios, con flexibilidad.
H- Aprendes rápido.

3- Si no tienes experiencia laboral, dada tu juventud, relata ejemplos de cualquier actividad que has vivido y generaron tensión.

- ¿Has tenido que hacer exámenes orales en tus estudios?
- ¿Presentar proyectos ante un tribunal?
- ¿Hablar en público?
- ¿Disparar un penalti en un partido trascendental?
- ¿Fuiste testigo de un accidente de tráfico, tomaste el control auxiliando a los heridos y solicitando asistencia sanitaria?

- ¿Durante la pandemia por coronavirus realizaste actividades de voluntariado para proteger a colectivos desfavorecidos?
- Cualquier otro que se te ocurra...

Historia de la historia

En una sesión formativa que impartía a futuros profesionales de recursos humanos, hicimos una actividad de Roleplay practicando cómo hacer entrevistas de trabajo.

Dos alumnos protagonizaron la simulación. Claudio, en el papel de entrevistador y Alice de candidata.

Alice, había trabajado a lo largo de tres años como auxiliar de vuelo y dos como sobrecargo en una compañía aérea europea.

Claudio pregunta...

— Alice, ¿Qué tal actúas bajo presión?

Alice respondió con una sonrisa y relató tres historias...

— Claudio te voy a comentar un susto que tuvimos la pasada semana en mi casa donde vivimos mi hija, mi madre y yo.

— A media noche me desperté, había mucho humo, costaba respirar, me levanté, cogí a mi hija en brazos, tiene 3 años, a continuación fui a la habitación de mi madre, le comenté... mamá despierta, estate tranquila, hay un poco de humo, por prudencia tenemos que bajar al portal ...

Siguió comentando cómo asumió el mando, reunió a toda su familia, la tranquilizó y lograron evacuar la casa sin mayores complicaciones.

Tras este suceso reciente y de carácter personal relató dos incidentes durante su etapa como tripulante de cabina:

Primer incidente. La parada cardiorrespiratoria de un bebé a bordo en un vuelo a Londres y cómo actuó para salvar su vida hasta poder hacer un aterrizaje de emergencia al oeste de Francia y evacuarlo en una UVI móvil al hospital. El bebé sobrevivió.

Segundo incidente. Un aterrizaje forzoso, por problemas con un motor de la aeronave y cuál fue su actuación como sobrecargo (responsable de los 5 tripulantes de cabina) para evitar el pánico y evacuar el avión sin incidentes, ni heridos.

Alice con estas tres narraciones dejó claro poseer la competencia de **tolerancia del estrés.** Es una de las mejores respuestas que he oído a esta pregunta, tanto por lo que dijo, como por la entereza que mostró durante la narración de sus tres historias.

Ideas clave
1- Hay trabajos que requieren para un excelente desempeño saber tolerar el estrés.

2- Si optas a uno de estos puestos debes preparar relatos con ejemplos que lo certifiquen.

3- Estas narraciones pueden ser fruto de experiencias profesionales o personales.

¿Cuál es tu experiencia en relación al puesto?

El entrevistador quiere averiguar si en base a tu historial profesional, las funciones que has desempeñado y los logros que has obtenido, serás capaz de solucionar los problemas del puesto. ¿Va a poder dormir tranquilo o no? Quiere tratar de visualizar cómo será tu desempeño en el futuro. ¿Eres un valioso activo para su organización? ¿La mejor opción?

Es otra pregunta habitual de entrevistas de selección por competencias y conductuales. Debes demostrar tus habilidades, lo bueno que eres, relatando ejemplos de manera detallada.

Cómo enfocar esta pregunta:

1- Relata las funciones, responsabilidades y logros conectándolos con el puesto al que optas.
2- Céntrate en las responsabilidades que están directamente relacionadas con los requisitos del nuevo trabajo.
3- Busca que haya una clara y obvia identidad entre tus anteriores responsabilidades y las que acometerás en su organización.

Dónde encontrar esta información:

1- La descripción de la oferta te proporciona valiosos datos en este sentido. Utilízalos.
2- Confía en tu experiencia, si llevas trabajando 1, 3, 5 años como técnico contable sabes cuáles son las responsabilidades críticas del puesto.

KO & OK

KO
— Llevo 5 años como Técnico Contable. Contabilizando facturas, gestión de caja, liquidación de tributos y pagos a proveedores.

OK
— En mis 5 años como Técnico Contable soy responsable de...

— **La facturación.** Emitir todas las facturas de la empresa, alrededor de **450 cada mes,** llevo su registro, contabilización, envío y cobro.

— **Cobro de las facturas** cumpliendo plazos, sin tensiones de tesorería, identificando al **3%** de clientes de difícil cobro, persiguiendolos hasta obtener el importe.

— **Conciliaciones bancarias**: Controlar el estado de todas las cuentas bancarias, seguimiento de
cobros y pagos, evitando descubiertos. Hemos conseguido tener **cero** descubiertos en **5 años.**

— Elaboro los **informes** mensuales contables para el comité de dirección.

— Redacto **cuadro de mando** mensual con las grandes magnitudes de la empresa, ventas, gastos, plantilla, márgenes brutos y netos, productos más vendidos, gastos y su desglose y la evolución de este año vs año anterior.

— Elaborar, presentar y liquidar las **obligaciones tributarias.** IVA. IRPF. Sociedades.

— Detectar y solicitar deducciones en el Impuesto de Sociedades. **3,5 millones €** ahorrados por este concepto.

— Solventar a favor de la empresa todas las discrepancias con Hacienda.

Ideas clave
1- El seleccionador quiere ver si has tenido un desempeño exitoso en el pasado que vaticine altas probabilidades de éxito en el futuro. Quiere

comprobar que posees suficiente experiencia en las funciones y responsabilidades similares a las que deberás enfrentarte en la posición a la que optas.

2- Identifica esta información en la descripción de la oferta, confía en tu bagaje y experiencia para averiguar lo que de verdad es importante.

3- Céntrate en contar las responsabilidades y los éxitos que encajan e interesan al entrevistador. Que se sienta identificado. Que vea identidad y similitud.

¿Qué destacarías en positivo y negativo de tus anteriores trabajos?

Esta es una excelente pregunta para que el candidato repase todos los aspectos positivos y negativos de sus anteriores trabajos.

A los entrevistadores les aporta abundante información porque permite:

1- Hacer un repaso de toda la experiencia profesional del candidato. Paso a paso. Empresa a empresa.

2- Ver qué valora de cada una de las organizaciones en las que ha colaborado. Qué le aportó. Qué destaca.

3- Averiguar si sabe enfrentarse a sus anteriores trabajos con espíritu crítico.

A veces el entrevistador pregunta primero...

— Qué aspectos positivos destacas de tus trabajos anteriores en cualquier sentido.

Una vez vistos los aspectos positivos pregunta por los negativos...

— En negativo, qué no te gustó de tus anteriores empleos.

Es una pregunta que proporciona información variada, profundiza en la psique del candidato y revela aspectos interesantes.

Cómo enfrentarse:
A- En la fase de preparación de la entrevista ahonda en tus recuerdos y saca a la superficie qué destacas en positivo de cada una de las organizaciones en las que has trabajado.

B- Pon especial énfasis en aquéllos aspectos que al entrevistador le pueden interesar porque los considera relevantes para el puesto al que optas.

C- Respecto a los temas negativos, trata de ser objetivo, aséptico y evita caer en la crítica.

KO & OK

KO

— De mi etapa como cajero en Carrefour y en El Corte Inglés me gustó el buen ambiente de trabajo y que cobrábamos de forma puntual la nómina.

— De negativo, trabajar todos los fines de semana y tener jefes muy meticulosos, siempre encima y controlando todo.

OK
— En Carrefour destaco la valiosa formación impartida.

— En El Corte Inglés su excelente organización en todos los aspectos. De ambas también el gran ambiente de trabajo y el compañerismo que reinaba.

— También valoro haber trabajado con supervisores de gran profesionalidad y cercanos, tanto en Carrefour como en El Corte Inglés.

— Respecto a los aspectos negativos que en Carrefour para promocionar a jefe de cajas tenía que tener disponibilidad geográfica y en El Corte Inglés que tenía jornada partida, trabajaba mañana y tarde.

¿A qué empresa volverías y por qué?

El seleccionador trata de saber qué valoras de una organización y que lo argumentes. Que comentes a qué empresa volverías y por qué.

Esta pregunta es relevante cuando el candidato tiene cierto bagaje profesional, por lo menos que haya estado trabajando en más de una organización.

También es útil si ha estado en varios puestos distintos dentro de la misma organización. Cambiar de supervisor o de departamento en muchas ocasiones equivale a cambiar de empresa.

Cómo responder:
1- Lo ideal es que el entrevistador aprecie similitud entre la empresa a la que volverías con su organización. Te favorece que el entrevistador identifique en la respuesta aspectos coincidentes.

2- Recuerda que el objetivo de un proceso de selección es intuir cómo será el futuro desempeño del candidato en el puesto. Prever sus posibilidades de éxito.

Hacer selección es hacer un pronóstico.

3- Saber mostrar capacidad de análisis y reflexión es un plus.

KO & OK
Veamos cómo se comportan **KO** y **OK** en una entrevista para un puesto de gestión de ventas.

KO
— Aunque mi actual profesión es de comercial, volvería a Piensos Sabrosos SL al puesto de administrativo.

— Tenía un excelente horario.

— Disfrutaba de un trabajo sin ninguna responsabilidad, ni el agobio de tener que alcanzar los objetivos mensuales.

OK:
— Volvería a trabajar como comercial en Encofrados Pérez SL

— Se preocupaban por mi formación, asistí a más de 125 horas sobre los distintos productos que comercializaba, técnicas de ventas y desarrollo de habilidades blandas.

— Marcaban objetivos claros. Siempre estuve por encima del 100%. Me gustaba mi trabajo, en especial la cercanía con los clientes.

— Tuve una franca relación con mi supervisor, con el resto del equipo directivo y con mis compañeros. Teníamos una comunicación cercana y fluida.

Ideas clave
1- Busca identidad y similitud entre la empresa a la que volverías con la organización que te entrevista.

2- Argumenta tu respuesta. Explica el por qué. Haz que se sientan identificados.

3- Muestra entusiasmo e ilusión por lo que hacías. Como siempre cuéntalo con una deslumbrante sonrisa que ilumine tu cara.

¿Dónde te ves en cinco años?

!Ufff! ¿Se trata de alguna suerte de prueba adivinatoria? ¿Qué sucederá dentro de 60 meses? ¿43.800 horas? ¿2.628.000 minutos? ¿La entrevista es para Chamán? ¿Visionario? ¿Mentalista? ¿Adivino? ¿Augur?, por Tutatis, Júpiter, Amón y Catón. ¡¡Qué dilema!!

El entrevistador con esta pregunta quiere saber:

1- Cuáles son tus objetivos profesionales, si tienes previsto un plan de carrera.
2- Cómo encaja la posición a la que optas en ese plan de carrera.
3- ¿Estás dispuesto a trabajar duro y de forma proactiva para conseguirlo?

Opciones. Ideas y mensajes que es conveniente transmitir en tu respuesta:

1- La prioridad son ellos. Deja claro que el puesto, la empresa y el sector, encajan en tu plan de carrera, es lo que buscas y es tu preferencia.

— Me veo **aquí.**

2- Esfuerzo. Trabajando a tope, en plan límite 24 horas.

— Tras 5 años de duro trabajo y esfuerzo.

3- ¿Dónde? ¿En qué puesto?

— Donde veamos (puesto, cargo) que puedo seguir desarrollando todo mi potencial y ayudando a la empresa…"

...y llegados a este punto puedes indicar el objetivo u objetivos profesionales que te marcas en estos cinco años. Las metas profesionales más habituales son:

A- Desarrollar nuevas habilidades.
B- Asumir más responsabilidades, indica cuáles.
C- Posición de mando intermedio, gerente, directivo…
D- Hacer una carrera internacional…

3- Coherencia entre la posición a la que optas y dónde te ves en 5 años. Si la entrevista es para Técnico de Marketing y en 5 años quieres ser Director de Producción, quizás no suene muy coherente. ¿No?

4- Largo plazo. La empresa va a invertir dinero en tu contratación, formación y dedicación de tiempo.

Haz ver que tu compromiso es a largo plazo, tu objetivo es permanecer mucho tiempo en la organización, ser productivo y que recuperen, con creces, la inversión hecha en ti.

5- Entusiasmo. — **Me veo aquí.** Transmite tu ilusión y motivación por la propuesta profesional.

Recuerda: **TALENTO = Saber * Querer (actitud).** Deja claro que "quieres".

Insisto, todo lo visto son meros consejos, la respuesta a esta pregunta y al resto de preguntas, es muy personal. Tú decides qué enfoque debes dar.

KO & OK

KO 1: El indeciso.
— !!Ufff!! se trata de una pregunta muy difícil de responder, realmente no sé decir dónde estaré en 5 años, espero que trabajando, eso sí…

KO 2: El sobrao.
— De CEO con un salario de 125.000€ + bonus + Tesla.

OK
— Sería un privilegio estar en esta organización tras 5 años de duro trabajo y esfuerzo. Estoy convencido que habrán sido 5 años de éxitos.

— Me gustaría haber crecido profesionalmente y asumir nuevos retos. ¿Dónde? Allí donde consideremos que mis cualidades y habilidades encajan mejor.

Ideas clave
1- Es una oportunidad para vender tu compromiso con la empresa y demostrar que esta propuesta profesional encaja con tu plan de carrera.

2- Demuestra entusiasmo, *"me veo aquí"*, motivado, no participas en el proceso por desesperación, lo haces por motivación, ilusión y entusiasmo.

3- ¿Dónde en 5 años? Transmite: Aquí + Esfuerzo + Largo Plazo. El puesto dentro de 5 años allí donde puedas desarrollar todo tu potencial y sea beneficioso para ambas partes.

¿Qué sabes de nosotros?

Una actitud positiva multiplica los resultados.

Recuerda. **Talento es saber y querer.** Saber son habilidades, conocimientos y experiencia. Querer es **actitud**, ganas, motivación, ilusión, entusiasmo y mostrarse proactivo.

Es una clara prueba que "quieres" haber realizado una exhaustiva investigación de la empresa, el sector y la competencia.

Demostrar que estás bien informado transmite entusiasmo por la propuesta profesional, por incorporarte a su organización y formar parte del proyecto.

El seleccionador con esta pregunta puede buscar:

1- Cribar y eliminar a los candidatos que se inscriben a infinidad de ofertas de empleo de manera indiscriminada. El empleador quiere candidatos ilusionados, dispuestos a implicarse y a trabajar duro.

2- Si el candidato ha investigado a la organización, la empresa, el puesto, el sector, y está motivado por la propuesta profesional, hay altas probabilidades que le guste el trabajo, estará dispuesto a esforzarse y obtener excelentes resultados. Un colaborador motivado da lo mejor de sí.

3- En cambio, si aplica a tantas ofertas como encuentra en la red, es posible que no posea esa motivación y obtenga resultados mediocres.

No investigar envía el siguiente mensaje…

— Hey, pasaba por infotutijobs.com y como soy de gatillo fácil me inscribí, me habéis llamado y aquí estoy. Contadme.

Las empresas quieren candidatos que sean selectivos en su búsqueda de empleo, con un interés real y legítimo por su oferta de trabajo.

Si no sabe nada del puesto ni de la organización. — ¿Es posible que acabase odiando el trabajo? ¿Que los resultados fuesen pobres? — Reflexionará el entrevistador.

Qué debes investigar. Averigua todo lo que puedas sobre los siguientes temas:
- Quiénes son.
- Qué hacen.
- Productos, servicios, líneas de negocio, cuáles son las claves de su éxito.
- Por qué los clientes adquieren sus productos o servicios.
- Plantilla, cuántos son.
- Cifras de facturación.
- Dónde están, ubicaciones, países, continentes.
- Cotizan en bolsa, precio de la acción y su evolución .
- Competencia, quiénes son sus principales oponentes.
- Estrategia y ventajas competitivas.
- Prioridades de cara al futuro y sus objetivos.
- Aspectos clave de su sector.
- Cultura y valores de la organización.
- Principales directivos, analiza sus perfiles en LinkedIn, te dará valiosas pistas.
- Cualquier otro que estimes relevante.

Saber y saber transmitir toda esta información indica por tu parte **entusiasmo real, legítimo y creíble.**

En cambio, saber poco o nada, es traducido en la mente del seleccionador de la siguiente manera

— Vaya, ni se ha molestado en leer nuestra home de la web. **Strike 1.**

Hacer una investigación exhaustiva de la organización a la que optas es primordial para mostrar motivación.

Historia de la historia
Conozco el caso de un excelente profesional que se trasladó a París para trabajar como auditor en la **Agencia Internacional de la Energía.** Es poseedor de un brillante currículum profesional. Se enamoró de la ciudad de la luz y decidió que quería continuar su carrera profesional allí.

Dado que su contrato estaba a punto de finalizar, había sido contratado para un proyecto específico, buscó trabajo.

Fue convocado para una entrevista de auditor interno en **Eurocontrol,** el organismo responsable de la "Seguridad de la Navegación Aérea en Europa".

La entrevista transcurría muy bien, analizaron su trayectoria profesional, logros, formación e idiomas. Todo cambió cuando el entrevistador preguntó...

—¿Qué sabes de nosotros?

— Esto..., sois los responsables de la seguridad del espacio aéreo europeo, evitar accidentes, os dedicáis a controlar la seguridad en Europa y su espacio…

No había investigado nada de ellos, cero. Era un excelente candidato, con un impresionante bagaje, con amplia sabiduría y experiencia como auditor, pero no había indagado a fondo sobre Eurocontrol. ¿Que entusiasmo transmitió? **NINGUNO.**

A lo largo de la entrevista puso de manifiesto todo su saber, pero no su querer, faltó preparación, falto investigar a la organización. Faltó la parte más importante de la ecuación: demostrar su QUERER gracias a esta pregunta bien **preparada, practicada y respondida.**

¿Cuánto tiempo hubiese tenido que invertir en investigar a Eurocontrol? ¿30 minutos? ¿Quizás 60? No haberlo hecho, no dedicar ese puñado de minutos lo dejó fuera, lo curioso es que realmente sí quería ese trabajo, pero no supo demostrarlo. No fue un candidato **OK.**

¿Resultado? Día a día sigue demostrando que es un excelente profesional. Desempeña sus funciones en una organización gubernamental de su país a **2.000 km de París.** Una pena.

Dónde investigar. En la era de internet resulta **fácil, muy fácil.**

1- Estudia el sitio web de la compañía, analiza a fondo. Todas las páginas relevantes.

2- Pregunta al **oráculo** del S. XXI, conocido como **Google.** Busca:

A- Noticias sobre la empresa, imágenes, vídeos, información, gráficas…
B- Búsqueda e información sobre los principales competidores.
C- Datos sobre el sector.
D- Todo lo que se te ocurra, pregunta y en menos de **0,70 segundos** te responderá.

3- Si la empresa tiene establecimientos abiertos al público, visita alguno, obtén información de primera mano, impresiones…, si puedes habla con algún trabajador.

4- En LinkedIn, puedes preguntar a aquellos contactos que trabajan en la organización sobre su cultura, valores, prioridades, estrategia, grado de satisfacción … … …, eso sí, ten la debida prudencia y muestra ilusión por la posibilidad de trabajar allí y ser compañeros.

5- Aprovecha otras redes sociales como twitter, Facebook… para obtener información publicada y preguntar.

6- Si tienes conocidos, o conocidos de conocidos, contacta, pregunta y sigue transmitiendo motivación, nunca se sabe, sé listo.

7- Aprovecha cualquier fuente que puedas para obtener información…

Siguiendo con el anterior ejemplo del candidato a auditor interno en Eurocontrol, si hubiese investigado, un poco, la respuesta podría haber sido algo así:

Entrevistador — ¿Qué sabes de nosotros?

Candidato — Charles la idea que tengo de Eurocontrol es que se trata de...
a - Una organización paneuropea civil-militar dedicada a apoyar a la aviación europea.
b - Integrada por **41** estados miembros, con un presupuesto anual de **865 Millones €**
c - Tiene como **objetivo estratégico** la seguridad aérea en Europa.
d - Fue fundada en **1963**.
e - Tiene una plantilla de **1.800** colaboradores, para mí sería un privilegio entrar a formar parte de esta organización y ser el **1.801**.

¿Si el entrevistado hubiese dado una respuesta parecida? ¿Qué te parece? No tiene nada que ver dar una contestación con este enfoque.

"La preparación, es dos tercios de cualquier empresa."
Amelia Earhart

Ideas clave

1- El objetivo de la investigación es poder demostrar que **"quieres"** ese trabajo, tu entusiasmo, ilusión por su organización y el puesto.

2- **Investiga,** recaba información, toda la que puedas. Utiliza distintas fuentes.

3- Responde a esta pregunta proporcionando entre **3 y 5 datos relevantes,** de alto impacto. Sé breve y conciso. Dar cifras aporta, siempre, un plus de credibilidad y mejora la posición de tu candidatura.

4- Recabar información de tu potencial empleador forma parte de la preparación de la entrevista.

¿Qué puedes aportar a la empresa?

¿Qué busca el seleccionador?

Quiere averiguar tus habilidades, y compararlas con las requeridas en el puesto de trabajo ofertado, para prever, o no, un desempeño óptimo.

Idea clave
Es fundamental tener claras cuáles son tus fortalezas, habilidades, competencias, experiencia, conocimientos, éxitos y logros a lo largo de tu carrera profesional.

Estudia la descripción de la oferta de empleo. Descubre las 5 habilidades y competencias que buscan.

Investiga qué les preocupa en ese puesto y cuáles son los problemas a solucionar. Qué les quita el sueño.

El objetivo en esta respuesta es demostrar que posees las habilidades que están buscando. Tú tienes lo que ellos necesitan.

Recuerda que el ejemplo te hace creíble. Puedes contestar a la pregunta siguiendo el siguiente esquema:

Habilidad que posees + ejemplo o ejemplos (mejor relata varios) que corroboran dicha habilidad.

KO & OK

KO
— Soy trabajador, me esfuerzo siempre mucho. Lo que haga falta.

OK
— Me implico, procuro dar lo mejor, siempre, por ejemplo...

— La semana pasada teníamos que presentar el presupuesto de nuestro departamento, adelantaron el plazo **3** días….

— Durante **1** semana trabajé **10** horas cada día. Comí y cené allí. Estuvo a tiempo. Cumplimos plazos.

— Juan, mi jefe, me dió la enhorabuena y un día libre. Salió todo fenomenal.

Ideas clave
1- La finalidad es transmitir que **posees** las habilidades que requieren.

2- Investiga, averigua cuáles son, qué habilidades y competencias buscan.

3- Sé creíble. Pon **ejemplos**, los mejores son aquéllos en los que existe una clara identidad entre la habilidad que posees, tu ejemplos de logros y lo que ellos necesitan. A modo de ejemplo:

¿Les preocupa captar tráfico para su web? Relata ejemplos de compra de tráfico en Facebook Ads que gestionaste con una mínima inversión y excelentes resultados obtenidos.

¿Están inquietos por la siniestralidad laboral en su organización? Expón tus excelentes métricas de accidentes laborales en las empresas donde trabajas como Técnico de Prevención y qué acciones has emprendido.

Haz un esfuerzo por incluir en la respuesta cifras, datos y porcentajes porque dispara tu credibilidad.

Qué harás en los primeros 90 días

Esta pregunta es habitual en procesos de selección para mandos, mandos intermedios y directivos, puestos en los que es vital incorporar a la organización un candidato capaz de realizar diagnósticos certeros, y que sabrá prescribir y aplicar el tratamiento adecuado para resolver los problemas del puesto.

¿Comprendes lo que la empresa y el puesto requieren de ti y cómo contribuirás a la buena marcha de la organización?

Es lo que el seleccionador quiere averiguar con esta pregunta, saber si:
1- Entiendes los problemas del puesto de trabajo, sus necesidades y complejidades.
2- ¿Eres capaz de realizar un diagnóstico certero?
3- Cómo los afrontarás.
4- Qué priorizas.
5- ¿Estás preparado?
6- Eres resolutivo.
7- Tienes las ideas claras.
8- ¿Qué vas a hacer?
9- Plazo que esperas para obtener resultados.

Demuestra que sabes **diagnosticar** y ejecutar el **tratamiento** adecuado

Cómo enfocar la respuesta:

1- Deja patente que comprendes qué problemas tiene el puesto, sus desafíos, cuáles son las prioridades en los primeros 90 días y cómo las abordarás.

2- El entrevistador quiere indagar si eres capaz de hacer una evaluación acertada. ¿Tu foto y perspectiva de la situación es nítida o difusa? ¿Correcta o alejada de la realidad?

Un médico que no es capaz de hacer un diagnóstico acertado es complicado que aplique el tratamiento curativo necesario.

3- El empleador quiere ver el traje a medida que has diseñado para ellos, las soluciones específicas que has ideado para solventar sus problemas.

4- Evita decir generalidades de copia y pega. Ya sabes, algo tipo…

— Mi hoja de ruta será maximizar los beneficios inherentes a nuestra actividad, empoderando a mi equipo, potenciando sus habilidades y alcanzando los objetivos marcados.

4- Deja claro que eres ejecutivo y un conseguidor desde el primer día.

5- Muestra profesionalidad. No caigas en **obviedades parecidas a...**

—Los primeros días los dedicaré a conocer las instalaciones, a los componentes del equipo y al resto de compañeros, dónde está la máquina de café…

Sí, está claro que lo harás, todo el mundo lo hace, pero con esta respuesta no aportas nada.

6- El objetivo es hacer ver que eres un excelente profesional y sabes lo que haces. Investiga la empresa, sus desafíos y los problemas que afronta.

Tu mensaje debe transmitir: — Sé de lo que hablo, sé lo que hay que hacer, cómo hacerlo y lo conseguiré.

Posible enfoque:
1- Establece objetivos personales, por departamento y equipo. Recuerda que un objetivo es una meta alcanzable, cuantificada y con plazos, si no es un sueño. No un objetivo.

2- Gradúa en el tiempo, indica qué objetivos te marcas en los primeros 30 días, cuáles en 60, en 90…

3- Transmites profesionalidad si te centras en las prioridades críticas e importantes.

4- Da sensación de control si detallas toda la información que vas a solicitar desde el primer momento para ponerte rápidamente al día y tener una foto global de la situación.

6- Comenta tu plan para mantener reuniones con los "socios" relevantes: jefes, colaboradores, proveedores y clientes, con la finalidad de obtener información valiosa para el plan a 90 días.

7- Por si te es de utilidad. Ejemplos de temas que pueden formar parte de tu **plan de acción a 90 días:**
- Mejora de sistemas, de procesos
- Estandarizar procedimientos.
- Evitar duplicaciones.
- Digitalizar áreas en toda la empresa.
- Automatizar tareas.
- Ahorros de tiempo.
- Reducir costes.
- Incrementar cartera de productos.
- Aumentar ingresos.
- Adecuación de plantillas.
- Crear nuevos productos y/o servicios.
- Renegociar condiciones con proveedores.
- Formar a los colaboradores.
- Incrementar la motivación del equipo.
- Reducir el absentismo laboral.
- Disminuir la siniestralidad laboral (accidentes).
- Mejorar la calidad de los productos.

- Incrementar el feedback.
- Elevar el estándar de servicio al cliente.
- Establecer objetivos medibles en el departamento.
- Monitorear el progreso del trabajo regularmente.
- Elaborar planes de acción para unidades específicas, departamentos …
- Mejorar el ratio de impagos y/o incrementar cobros de morosos.
- Cualquier otro que consideres relevante. Hay cientos de opciones.

KO & OK:

KO

— En mis primeros 90 días, lo primero es conocer y empoderar a la plantilla de la organización, ubicarme, tener una charla con cada miembro del equipo y con todas esa información ir a por los objetivos a fondo, sin descanso…

OK 1

— En los primeros 90 días como **editor del blog viajesúnicos.com** me marco los siguientes objetivos:

— En las primeras 8 horas pediré y analizaré las **métricas de Google analytics,** ver el tráfico, de dónde procede, saber cuáles son los **Top 10** post con más éxito y por qué.

— Durante los **30** primeros días analizaremos la usabilidad del blog y lo rediseñaremos para adaptarlo a las nuevas tendencias.

— **En 60** días, debe estar finalizado el nuevo diseño, contar con **25** nuevos contribuidores para incrementar y mejorar la calidad del contenido, abordar temas sobre gadgets y deportes extremos, porque en la actualidad no se tocan y son tendencia.

— En **90** días tenemos que consolidarnos en **650.000** visitantes únicos mensuales, **4,5** páginas vistas e incrementar la permanencia en el blog como mínimo un **28%**. Todo ésto posibilitará aumentar los ingresos publicitarios por encima del **25%** y el beneficio neto más del **18%,** a través de Google Ads, patrocinios y afiliaciones.

OK 2

— En los **90 primeros días** mi plan de acción como **Manager de Marketing Online** es:

— **Primero:** Revisar el plan de marketing y el presupuesto, con el objetivo de ahorrar un **20%** en publicidad, centrándonos en facebook ads y google ads, en vez de publicidad masiva.

— **Segundo:** Incrementar nuestras ventas +11% por la segmentación que nos permiten estas plataformas.

— **Tercero:** Formar al equipo en Facebook Ads y Google Ads, un mínimo de 30 horas. Nos permitirá aprovechar todo el potencial de estas herramientas.

Ideas clave
1- Demuestra que **comprendes** los desafíos del puesto y sabes cómo afrontarlos. Haces certeros diagnósticos y aplicas el tratamiento necesario para el éxito en la misión.
2- Tienes que demostrar **profesionalidad**. Evita decir obviedades.
3- Sé creíble, establece **objetivos**, cifras y plazos.
4- Es una pregunta habitual en procesos de selección para mandos y directivos.
5- Prepara tu plan de acción a 90 días antes de la entrevista. No improvises.

¿Cómo era la relación con tus jefes, compañeros y subordinados en tus anteriores empleos?

Un ambiente tóxico en las organizaciones es tan letal para una empresa como el confinamiento domiciliario lo es para la economía durante una pandemia. Mortífero.

¿Qué busca el entrevistador con esta pregunta? Trata de indagar qué tipo de relación tenías con tus actuales compañeros y jefes en el pasado. ¿Hubo problemas? ¿Todo bien?

Las empresas quieren incorporar profesionales capaces de crear y mantener un excelente ambiente de trabajo y con los que dé gusto trabajar.

Las organizaciones quieren personas de trato fácil, que no generen un ambiente tóxico, proactivas y resolutivas.

Cómo enfrentarse a esta pregunta.

Sé lo que estás pensando y sí, es cierto, tienes razón, todos hemos trabajado con fundadores de bobos sin fronteras, compañeros y jefes insoportables, caprichosos, pésimos profesionales, maleducados, lo hemos padecido y padecemos, pero una entrevista no es el mejor momento para tener una sobredosis de sinceridad en este asunto.

¿Por qué? Puedes generar la duda de si el problema son ellos o tú. En la entrevista debes evitar crear incertidumbres, en especial en un tema tan vital como es éste.

KO & OK

KO
— En la empresa El Suplicio SL tenía un jefe déspota, incapaz de dar las gracias, soberbio, nada sensato y estaba rodeado por un grupo de compañeros dedicados a hacerle la pelota y reírle las gracias.

OK
— En todas las empresas en las que he estado, he tenido jefes que me han aportado, de los que he aprendido, cada uno con su estilo. He trabajado con excelentes compañeros con los que sigo manteniendo el contacto.

Ideas clave
1- El empleador quiere saber cómo es tu relación en el trabajo con tus compañeros. Relata tus experiencias positivas de convivencia en tu entorno laboral.

2- Nunca critiques a jefes y compañeros pasados y presentes, podría presentarte como alguien problemático, capaz de poner en peligro un buen ambiente de trabajo. No te interesa. Trata de evitarlo.

3- Debes ver la botella medio llena, recuerda los aspectos positivos de todos con los que has colaborado y destácalos en la entrevista. Este no es el momento idóneo para airear la ropa sucia.

¿Cómo es tu jefe ideal?

¿Qué busca el seleccionador con esta pregunta? Quiere obtener la siguiente información:

1- Sondear qué características valoras en un jefe, qué tipo de liderazgo provoca que trabajes motivado y dar lo mejor de ti. Ver si existe encaje entre lo que aprecias en un jefe y la realidad que encontrarás.

2- Averiguar cómo respondes a la supervisión. Si tienes problemas con la autoridad.

3- El seleccionador puede apreciar cierto efecto reflejo en esta pregunta.

Significa que hay probabilidades que seas lo que pides. Si valoras en los jefes que saben reprender y premiar, tomar decisiones basadas en la meritocracia y preocupados en formar a su equipo, hay altas probabilidades que tú tengas todos o algunos de estos rasgos.

Cómo responder:
A- Sé sincero y comenta qué valoras en un responsable.

B- Puedes utilizar la palabra **líder** en vez de jefe, independientemente que el entrevistador hable de jefes, responsables, director o gerente. ¿Por qué? En general, las organizaciones tienden a creer que su organigrama está poblado de excelentes líderes, sea o no así.

C- Nunca, jamás en tu respuesta puede haber un ápice de crítica o queja. Tu tono tiene que ser positivo. "Me gustan los líderes que…", es preferible a " no me gustan los jefes que …"

D- Repasa a todos los jefes con los que has trabajado. Qué destacas en positivo de cada uno de ellos. Elabora tu lista y construye tu líder ideal.

E- Detecta qué rasgos tienen en común los jefes que lograban obtener el mejor desempeño de ti y enuméralos.

F- Sé prudente, transmite que sabes trabajar bajo supervisión y también con autonomía.

Abre el abanico, no sabes cómo es el estilo de dirección de tu potencial jefe. "Dispara en modo ráfaga" para abarcar más opciones.

KO & OK

KO
— Con los jefes neandertales que he soportado solo quiero que el próximo sea un poco sapiens y me deje hacer, con eso me conformo.

OK
— Valoro que mi supervisor nos trate con educación y respeto. Que defina y comunique las responsabilidades y los objetivos.

— Sea un apoyo en momentos difíciles. Sepa decir "buen trabajo y gracias". Reprender en privado, sin humillar.

— Que valore mis ideas, me dé la necesaria autonomía y respete mi privacidad.

Ideas clave
1- Nunca critiques a tus jefes anteriores, puede dejarte en mal lugar, busca en ellos las cualidades positivas que todos tenemos.

2- La finalidad de esta pregunta es saber qué valoras y cómo respondes a la supervisión. Trata de averiguar si lo que es importante para ti encaja con el estilo de dirección de tu futuro supervisor. ¿Habrá o no choque de trenes?

3- Puedes exponer una serie de características y cualidades amplias que de algún modo todo el mundo, en general, se puede sentir identificado. Esta sería una respuesta basada en la prudencia.

¿Cómo has conseguido tus empleos?

El seleccionador quiere indagar cómo actúas ante la incertidumbre, cómo te mueves y planificas en un tema tan importante como es tu carrera profesional.

¿Improvisas? ¿Te formas en habilidades para la búsqueda de empleo? ¿Cuáles son tus fuentes y red de contactos?

Hay muchas maneras de buscar trabajo, puedes centrarte en portales de empleo, utilizar agregadores, usar las redes sociales, aprovechar tu red de conocidos, contactar con empresas de selección, con Headhunters y asistir a formaciones específicas sobre la materia. ¿Cómo lo haces tú?

¿Planificas? ¿Improvisas? ¿Aprovechas todas las herramientas a tu alcance? ¿Eres proactivo? ¿Reactivo? ¿Conservador? ¿Cazador o pescador? ¿Qué usos haces de las tecnologías? ¿De tu red de contactos y de las redes sociales? ¿Eres creativo? ¿Utilizas técnicas de Marketing de Guerrilla en tu búsqueda de empleo?

Cómo responder
Aprovecha para transmitir la idea de ser un profesional organizado, previsor y que tiene un método. Eres capaz de poner orden en el caos. Sabes buscar y utilizar un gran número de herramientas en tu beneficio.

KO & OK

KO
— Miro en el portal de empleo infoways.net. Hago búsquedas de ofertas de trabajo para mi profesión y en mi ciudad. Si sale alguna que encaja me inscribo.

OK
— He organizado mi búsqueda de la siguiente manera:

— He creado alertas en google con las palabras clave adecuadas para que las ofertas de empleo que encajan lleguen directamente a mi gmail, todos los días…

— También he establecido alertas en los tres portales de empleo generalistas más importantes, los de más tráfico para que me informen de ofertas interesantes que encajen con mi perfil…

— Lo mismo he hecho con los tres agregadores de ofertas de empleo que mejor funcionan…

— He comunicado a más de 150 contactos online y offline quién soy profesionalmente, qué hago bien y qué busco (puestos, sectores y empresas)...

— Por último, para atacar el mercado laboral oculto, que representa el 80% del empleo que se genera y que no se publicita por medios normales, utilizo 3 métodos que aprendí en una formación. Estas tres técnicas son... to be continued :)

Ideas clave

1- El entrevistador quiere descubrir cómo te mueves ante la incertidumbre y el estrés que supone buscar trabajo, en especial en situación de desempleo.

Qué haces, cómo planificas, tanto si no tienes trabajo, como si buscas un cambio.

2- Aprovecha para transmitir profesionalidad y mente ordenada. Alguien capaz de poner orden en el caos que es buscar trabajo.

3- Deja claro que eres incansable, ordenado, eficaz y equilibrado.

Cuáles son tus pretensiones económicas

Saber negociar es saber argumentar

"El mayor de los peligros para la mayoría de nosotros, no es que nuestro objetivo sea demasiado alto y no lo alcancemos, sino que sea demasiado bajo y lo logremos."
Miguel Ángel Buonarroti

"Negociemos libres de miedo. Pero no temamos negociar."
John Fitzgerald Kennedy

Bienvenido al concurso televisivo el **"Precio Justo"** el ganador es quién más se acerca al importe del producto **sin pasarse.** Es emitido en televisión en España desde hace años. Está basado en el formato estadounidense The Price is Right.

En esta ocasión el seleccionador quiere saber: **"Tu Retribución Justa"**.

1- Cuáles son tus expectativas salariales, si existe o no desviación entre la retribución que deseas y el presupuesto retributivo para el puesto.

2- Si tus pretensiones salariales están en exceso por encima del presupuesto de selección, si son **demasiado elevadas,** te pueden dejar fuera del proceso.

3- Si en cambio, son **demasiado bajas,** el entrevistador puede dudar si eres el candidato adecuado por alguno de los siguientes motivos:

A- No tienes la experiencia necesaria.
B- No te valoras. No crees en ti.
C- Estás desesperado y aceptas una retribución de mínimos. La que sea.
D- No has hecho los deberes y desconoces el salario medio del puesto y la banda retributiva.

Una petición salarial de mínimos te puede hacer perder dinero. Es posible que te hagan una oferta salarial a la baja.

4- Este tema se plantea cuando en el proceso hay margen para negociar la retribución, de no ser así el entrevistador debe comunicar la retribución presupuestada y no negociable.

— La retribución prevista para este puesto es de 19.500 € brutos. ¿Te interesa? ¿Encaja en tus expectativas? ¿Sí? ¿No?

Cuando el seleccionador dirige la conversación a este tema, no evites contestar y ten de antemano **preparada** la respuesta.

Es de novatos y resulta poco profesional solicitar deseos salariales en base a tu situación financiera, no pidas en función de tus deudas y obligaciones financieras.

No, hazlo en base a lo que aportas, vales y solucionas, no por la cuota de la hipoteca, el alquiler, coste de la vida, mantener a los hijos, colegios, préstamos personales o una pensión alimenticia.

Al empleador le da igual, y corres el riesgo de generar una imagen negativa...

— Si no es capaz de controlar sus finanzas personales, ¿va a ser capaz de gestionar sus responsabilidades de forma brillante con nosotros...?

Por si es de utilidad para ti, te comento cómo afronto este tema como seleccionador:

1- En procesos de selección con un presupuesto retributivo **ajustado**, abordo este tema durante los primeros minutos de la entrevista, indago sobre sus expectativas salariales, y explico el motivo...

— Para gestionar con eficacia el tiempo...

Porque si sus pretensiones salariales están muy por encima del presupuesto. No tiene sentido continuar con la entrevista.

2- En cambio, si el presupuesto está situado en la **media**, en la **zona alta o por encima de ella**, solo pregunto por su salario actual, que sea el cliente quién aborde expectativas y negocie. Obro de esta manera cuando actuo como consultor de selección.

3- Cuando hago selección como Director de Recursos Humanos para mi organización, la negociación la abordamos en la fase final, con un matiz, en la oferta de empleo que hemos publicado informamos de la banda retributiva que contemplamos para ese puesto. Información que, en general, en las ofertas de trabajo en España no se publicita. Es Top Secret.

Cambio legislativo de última hora. El Consejo de la UE y el Parlamento Europeo han aprobado una directiva que obliga a las empresas que publicitan ofertas de empleo en el marco de la Comunidad Europea a indicar la retribución, como mínimo la banda salarial, desde agosto de 2022.

Cómo abordar esta pregunta.

Veamos tres técnicas de negociación salarial ganadoras.

A.- Técnica nº 1. Gano y quiero ganar.

Partes de tu actual situación retributiva y solicitas una mejora salarial para aceptar la propuesta.

Ejemplos.

1- En la actualidad como **Técnico de Selección gano** 19.000€, me podría plantear cambiar si la oferta es de alrededor de 23.000€

2- Ahora me pagan como **Técnico de Export** 38.000€, para cambiar aceptaría una propuesta salarial en torno a 44.000€

3- Gano como **Programador de Python** 29.000€, aspiro a una mejora alrededor de 34.000€

El esquema es: actual retribución + quiero ganar. **Evita dar cifras cerradas**, muestra flexibilidad.

B.- Técnica nº 2. Estudios Retributivos.

Con esta técnica de negociación basamos nuestra petición en dar cifras obtenidas de los estudios retributivos y las calculadoras salariales.

Son herramientas que establecen una banda retributiva con un salario mínimo, medio y alto para cada puesto.

Los más completos tienen en cuenta la ciudad, tamaño de la empresa, facturación y años de experiencia.

A continuación, tienes los links a varios estudios retributivos que debes analizar para que obtengas una orientación retributiva para el puesto al que optas:

España:
https://www.michaelpage.es/prensa-estudios/estudios/estudios-de-remuneracion

https://hays.com/Guia-Salarial-2021

https://www.randstad.es/calculadora-salarial/

Estados Unidos

https://www.roberthalf.com/salary-guide

https://www.hays.com/resources/reports/2021-salary-guide

https://www.payscale.com/

México

https://www.michaelpage.com.mx/estudio-de-remuneracion

https://www.hays.com.mx/contenido/guia-salarial

Bélgica, España, Francia, Hong Kong, Irlanda, Países Bajos y Reino Unido

https://www.walterspeople.es/estudio-remuneracion.html

Siguiendo con los anteriores ejemplos, las pretensiones salariales podrían ser:

1- **Un Técnico de Selección** en Valencia con mi experiencia, y según he comprobado en los estudios retributivos, el mínimo de la banda salarial es 18.500€ y el máximo 24.500€.

Me plantearía un cambio con una oferta que se sitúe en la zona alta.

2- Los estudios salariales indican que un **Técnico de Export en Valencia,** en este sector y tipo de empresa, la retribución arranca en 36.000 € y máximo de 46.000 €…

…podría aceptar una oferta en la parte superior de la banda.

3- Un **Programador de Python** en Valencia percibe, en base a los informes de los estudios salariales y con mis años de experiencia, parte de 27.000 € y alcanza los 38.000 €.

Estudiaría un cambio por una retribución situada en la zona máxima de la banda.

El esquema en este caso es:

Puesto + ciudad + tamaño de empresa + años de experiencia + banda salarial + mínimo + máximo + quiero estar en la zona...

C.- Técnica 3. Gano + Bandas Retributivas.

Lo mejor de cada mundo. Se trata de mezclar los dos sistemas anteriores. Partes de tu actual situación retributiva, comparas con las bandas salariales y solicitas qué quieres ganar.

Sigamos con los ejemplos:

1- **Gano** en la actualidad como **Técnico de Selección** 19.000€, los estudios retributivos indican un mínimo de 18.500 € y máximo de 24.500€, me plantearía un cambio con una propuesta en la zona alta.

2- **Percibo** 38.000€ como **Técnico de Export**, en Valencia, las calculadoras salariales indican para este sector, tipo de empresa y con mis años de experiencia parten de 36.000€ y un máximo de **46.000€**. Aceptaría una oferta en la zona alta de la banda salarial.

3- Como programador de **Python** percibo en la actualidad 29.000€, en Valencia los estudios retributivos indican para este sector, tamaño de empresa y con mis años de experiencia, la retribución parte de un mínimo de 27.000€ y máximo de 38.000 €.

Me plantearía un cambio por una retribución en la zona alta de la horquilla salarial.

En este caso el esquema es:

Gano en la actualidad + Bandas de estudios retributivos + Petición

KO 1
— ¿Cuánto quiero ganar? Depende de las responsabilidades que tenga que asumir, carezco de información suficiente…

KO 2
— Prefiero que sea la empresa la que me haga una oferta. ¿Cuánto tenéis previsto pagar?

Ideas clave
1- El seleccionador quiere saber cuáles son tus expectativas salariales, si se adecuan, son elevadas o bajas.

2- Prepara esta respuesta, qué vas a plantear y cómo argumentas.

3- Usa una de las 3 herramientas que planteamos, recuerda la 2 y la 3 transmiten seriedad y profesionalidad.

4- Evita hacer una petición salarial cerrada. Muestra flexibilidad y habilidad negociadora.

5- Saber negociar la retribución puede incrementar la oferta por encima del 10%.

6- No siempre se negocia la retribución, depende del puesto, proceso, empresa y circunstancias.

7- Redondea tu respuesta, sea cual sea la técnica que utilices de negociación.

Insiste por qué eres un activo valioso y los aspectos más relevantes que hacen de ti un excelente profesional.

8- Negociar es argumentar. **Qué pides y por qué.**

¿Estás participando en más procesos de selección?

Ansiamos lo que tememos perder.

En mitad del patio de recreo de la guardería hay un juguete abandonado, nadie le hace caso, hasta que uno de los peques lo coje y se pone a jugar con él. Desde ese momento todos lo quieren tener, lo desean y lloran desconsolados si no lo tienen.

Qué busca el seleccionador al formular esta pregunta. Hay varias opciones:

1.- Comprobar que realmente estás interesado por la propuesta profesional.

2.- Averiguar si haces una búsqueda **de trabajo de forma planificada y centrada en puestos similares.** Que no te dispersas, "no disparas a todo lo que se anuncia". Hay en ti un auténtico interés por la profesión y por esa posición.

3.- Quiere saber si estás en el **"radar"** de algún competidor, de ser así, puede que se dispare el temor a perderte.

4.- Quizás el empleador en base a tu respuesta sopesará qué **oferta económica** hacerte.

5- El entrevistador puede estar pensando:

— Tenemos interés en ti y queremos saber el nivel de competencia que existe.

6.- Con la información que proporciones, el seleccionador puede calibrar la **rapidez** con la que debe gestionar tu candidatura:

A- Acelerar el proceso. Activar el turbo si estás en fase final con algún competidor.
B- Imprimir rapidez. Si estás en procesos de selección con rivales, en alguna etapa inicial con ellos.
C- Velocidad normal. No hay necesidad de cambiar la planificación prevista. No hay riesgo inminente.

Posibles **beneficios** y bazas a tu favor admitiendo que estás en más procesos de selección:

1- Aprovecha esta pregunta en tu beneficio. Permite que te muestres como un activo codiciado. Queremos lo que podemos perder, a nadie le gusta que le arrebaten algo delante de sus narices. Así es la naturaleza humana.

2- Generas urgencia, aceleras tu candidatura, acortar tiempos entre las distintas fases del proceso de selección.

3- Quizás incrementen la oferta económica que tenían previsto ofrecerte.

Cómo responder. Opciones
En una entrevista, quien sabe gestionar las emociones **triunfa.** Si el entrevistador ha visto aspectos positivos le dará pánico perderte, tendrá miedo que la competencia se adelante y cierre tu contratación.

El miedo es un gran motivador. Utilízalo a tu favor.

Participas en un proceso de selección desde el momento que te inscribes en una oferta o remites el currículum, por tanto, no cometes ninguna inexactitud si dices que participas en más procesos de selección.

Es raro que un candidato centre todas sus esperanzas en un solo proceso, no es normal.

Queda claro que la respuesta aconsejable es **"SÍ"**, porque valoramos todo aquello que podemos perder.

En determinados procesos de selección la empresa puede estar ante una decisión estratégica de compañía, en este caso perder un candidato con habilidades únicas y escasas sería dramático.

Ante esta disyuntiva bajo ningún concepto se pueden permitir que lo fiche la competencia. Pelearán.

Al responder esta pregunta debes dejar claro que eres:

1- Valioso y codiciado. Estás solicitado. Se interesan por ti más empresas.
2- Eres hábil en tu búsqueda de trabajo.
3- Has sabido adoptar un enfoque estratégico en tu búsqueda de empleo. Nada está dejado al azar.

Orientaciones. Ideas.
1- Deja claro al entrevistador que su organización es tu primera opción y di por qué.

Si no argumentas de forma convincente sonará a eslogan comercial.

2- Sé elegante y discreto. No reveles el nombre de otras compañías, respeta la debida confidencialidad, habla de ellas en genérico...

— Multinacional de distribución.
— Uno de los grandes líderes de distribución.
— Varias compañías grandes y medianas de esta industria.

3- Haz un enfoque general, comenta que participas en varios procesos con organizaciones de su mismo sector. Deja claro que "ésta" es tu primera opción y por qué lo es.

4- Si has tenido una propuesta, o la esperas en breve, no lo ocultes, coméntalo, y sigue dejando claro que ellos son la primera opción y recuerda argumentar por qué.

KO & OK

KO. El indignado
— Hey no tiene derecho a hacer esa pregunta, atenta contra mi intimidad, se inmiscuyen en mi vida, en qué otros procesos de selección estoy, es asunto mío, no suyo, es como si yo le pregunto si estás viendo a otros candidatos y quiénes son…

OK.
— Estoy en varios procesos de selección para esta misma posición, con dos multinacionales de prestigio del sector, como lo es ésta…

— Vuestra propuesta me encaja en todos los aspectos, ofrece los desafíos que busco en esta etapa de mi carrera, porque sois:

1- Empresa de prestigio. Habéis…

2- Proyecto consistente. Conseguís…

3- Con un excelente ambiente laboral, me consta que la gente está a gusto aquí. En LinkedIn me han…

— Sería un privilegio poder formar parte de esta organización, pero sí, estoy en conversaciones con dos multinacionales de este sector.

Ideas clave
1- Esta pregunta puede indicar interés por tu candidatura y el entrevistador quiere saber el grado de competencia al que se enfrenta.

2- Admitir que estás en otros procesos de selección con varias compañías del mismo sector y posición te presenta como un:

A- Activo valioso y codiciado, puede activar el miedo a perderte y actuar en consecuencia.
B- Generar urgencia. Acelerar tu candidatura.
C- Quizás incrementar la oferta económica.

3- Transmite que:
- Su empresa es tu primera opción y argumenta con entusiasmo.
- Es elegante no indicar nombres, habla de sector, tamaño, con un enfoque general, si te pregunta de qué empresa se trata valora si debes dar o no esta información, cada situación es distinta.

4- Ser capaz de activar la emoción del miedo a la pérdida en el seleccionador, que otra empresa se anticipe y te contrate, te hace ser más valioso. Aprovéchalo.

¿Tienes alguna pregunta? Cesión del poder. Tu turno

TOP 30 mejores preguntas que hacer al entrevistador

"Juzga a un hombre por sus preguntas en vez de hacerlo por sus respuestas."
Voltaire

"Puedes decir si un hombre es sabio por sus preguntas."
Naguib Mahfuz

La entrevista de trabajo es una reunión entre profesionales, pero el poder lo ostenta el entrevistador, él decide el tono de la entrevista, ritmo, temas, las preguntas, aspectos, cuestiones y en qué orden, pero hay un momento en el que el seleccionador cede su poder.

Ésto sucede cuando manifiesta...

— ¿Tienes alguna pregunta, duda o aspecto que quieres que comentemos?

— No, no tengo dudas, me lo has dejado todo claro, gracias — responde el entrevistado.

¿De verdad? ¿No tienes dudas? ¿Sabes todo? ¿Nada que comentar?...
Es probable que el entrevistador lo interprete de manera negativa. ¿Quién no tiene dudas? Los seres humanos somos dudas andantes.

¿En serio no tienes nada que preguntar? No hacer preguntas, puede poner en entredicho tu motivación, ganas e ilusión por el proyecto.

¿Quién crees que demuestra más entusiasmo por la organización y el proyecto? ¿El candidato que hace tres preguntas, relativas a la empresa, puesto y el proceso u otro que manifiesta que es clarividente?

— Lo tengo todo claro, gracias.

Debes preparar entre 3 y 5 preguntas enfocadas a obtener **información y transmitir motivación.**

Seleccionar es buscar e incorporar talento a la organización, contratar profesionales que **"SABEN y QUIEREN"**. Prepara preguntas que demuestran ese querer, tu interés y motivación por el puesto.

Las mejores preguntas son del tipo que buscan información y transmiten motivación: Sé de vosotros y quiero saber más...

Por último, ten cuidado, no se trata de entrevistar al entrevistador, se trata de disipar dudas, transmitir ilusión, ganas y entusiasmo por el proyecto.

Ejemplos de preguntas que puedes hacer.
- ¿Cuál es el grado de autonomía del puesto?
- Plan de carrera del puesto.
- ¿Me podrías hablar de la persona que ocupaba el puesto? ¿Que valorabais, qué debía mejorar?
- ¿Cuanto tiempo se tarda en ascender de promedio en este departamento?
- ¿Cuál es la evolución habitual o esperada de un trabajador en este puesto?
- ¿Tienen programas de formación? ¿Qué acciones de formación tienen previstas?
- ¿Se trata de un puesto nuevo o de un puesto que existía ya en la empresa?
- ¿Qué espera la empresa de la persona que ocupe el puesto?
- ¿Cuántas personas forman el departamento y qué relación tendré con ellos?
- He visto en su web corporativa que..., ¿en qué consiste exactamente su política de ...?

- ¿Qué es lo que más se valora en un trabajador en esta empresa?
- ¿Para este puesto hay alguna cualidad o habilidad especialmente importante?
- ¿Qué se esperaría de mí una vez me haya incorporado al puesto?
- ¿Es un puesto estable o está evolucionando según un producto/proyecto/estrategia?
- ¿Cuál es el organigrama de la organización, estructura y departamentos?
- ¿En qué lugar del organigrama se encuentra este puesto?, ¿y el departamento al que pertenece?
- ¿Cómo sería un día normal trabajando en este puesto?
- ¿Quién sería mi jefe?
- ¿Qué podría decirme sobre el estilo de dirección de mi superior?
- ¿Cuántas personas trabajan en el departamento del puesto a cubrir?
- ¿Qué objetivos tiene el departamento?
- ¿Qué objetivos tendrá el puesto en sí?
- ¿Qué fechas maneja la empresa para la incorporación del nuevo colaborador?
- ¿Cómo continúa el proceso de selección desde este momento?
- ¿Cuál es el mayor reto al que se enfrenta la empresa?
- ¿Cómo evalúan el desempeño profesional de los trabajadores?
- ¿Cómo es la comunicación de la empresa con los colaboradores que trabajan en ella?
- ¿Cómo es la cultura corporativa y ambiente laboral en esta organización?
- ¿Qué habilidades, competencias valoran más en esta posición?
- ¿Cuáles son las máximas prioridades en este puesto, objetivos y acciones a abordar próximamente?
- ¿Qué medidas ha adoptado la organización para evitar los riesgos provocados por el Covid-19?
- ¿Con qué frecuencia se revisará mi rendimiento?
- Cualquier otra que consideres interesante ...

KO & OK:

KO

— Lo tengo todo claro, me has dado mucha información y muy bien explicado todo, gracias.

OK

— ¿Cómo es la comunicación en esta organización con los colaboradores que trabajan en ella?...

Ideas clave

1- El **poder** en la entrevista lo ostenta el seleccionador, pero lo **cede** cuando dice:

— ¿Tienes alguna pregunta o duda que pueda ayudarte?

2- Prepara entre **3** y **5** preguntas para hacer al entrevistador.

3- Realiza preguntas que buscan **información** y transmiten tu **motivación** por el puesto y la organización.

4- Estudia el **lenguaje corporal** del entrevistador, si intuyes que tiene prisa y necesita dar por finalizada la entrevista, no dilates su conclusión con un excesivo número de preguntas. Sé listo.

Los 3 secretos para un cierre 5 estrellas de la entrevista

La última impresión debe emocionar y perdurar.

Las impresiones finales son las más duraderas. Los **20 últimos segundos** de tu entrevista tienen que ser memorables.

Concluye la entrevista con un speech capaz de dejar un recuerdo positivo que perdure en la psique del seleccionador.

¿Qué suele suceder? La mayoría de los candidatos no preparan el cierre de la entrevista y desaprovechan esta oportunidad.

Veamos los **3 pasos** para un cierre 5 estrellas de la entrevista.

Consisten en:
1. Desactivar minas.
2. El futuro y contactar.
3. Declarar.

Paso 1. Desactivar minas.

Has comunicado tus habilidades, experiencia, motivación e ilusión por el puesto, pero ¿es posible que haya explosivos enterrados en el camino de tu candidatura? ¿Alguna duda inquieta al seleccionador?

Es el momento de preguntar:
- ¿Hay algo más que quiera saber sobre mi?
- ¿Algún aspecto que desee aclarar?
- ¿Algún tema que necesite que profundicemos?

Sí, suena terrorífico, pero estas preguntas pueden activar el subconsciente del seleccionador, que ponga encima de la mesa qué le perturba, qué le hace dudar, darte la posibilidad de argumentar, activar tus defensas y desactivar las minas.

Idea clave

Es muy difícil llegar al final de un proceso de selección y que haya un candidato claro. Los seres humanos dudamos siempre y los procesos de selección no son una excepción.

Lo habitual es llegar al final del proceso de selección con dos o más candidatos que encajan y podrían ser contratados. Cada uno con cualidades distintas y complementarias. En estas situaciones cualquier duda que disipes puede desempatar el envite a tu favor.

Ejemplo
— ¿Algún aspecto que desees que aclaremos? ¿Tienes alguna duda que pueda ayudar? —pregunta el candidato.

Mina

— Veo que no tienes experiencia utilizando Navision —indica el entrevistador.

Desactivación

— Tengo 5 años de experiencia en SAP R3 contabilidad y 2 años utilizando A3 contabilidad. Su usabilidad es igual a la de Navision. Adaptarme será fácil.

Hacer esta pregunta en el cierre de la entrevista permite detectar la mina (duda) y hacer de artificiero (desactivarla).

Has podido transmitir al entrevistador que dada tu experiencia gestionando ERP´s no tendrás ninguna dificultad en dominar Navision rápidamente y disipado la duda de su mente.

De no haberla hecho, la incertidumbre podía haber perdurado en la mente del seleccionador y haber hecho saltar por los aires tus opciones.

Paso 2. El futuro y contactar.

El futuro.
Indaga sobre el futuro del proceso. ¿Qué sucede a partir de esta entrevista? ¿Cuáles son los siguientes pasos? ¿Cómo continúa el proceso?

Si ha surgido este tema en un momento anterior de la entrevista obvialo, ya dispones de esta información.

Contactar.
Indica al entrevistador que quieres hacer un seguimiento del proceso. Pregunta qué vía es la más adecuada. ¿Mensajes a través de LinkedIn? ¿Email? ¿Llamada telefónica? ¿Whatsapp? ¿Otra?

Si responde que es preferible a través de…
- LinkedIn. Comenta que le solicitarás contacto si todavía no estáis conectados.
- Email. Pide su dirección.
- Móvil, Whatsapp. Solicita el número.

Consejo, lo más profesional y menos intrusivo es hacer el seguimiento a través de LinkedIn, intercambiando mensajes.

Paso 3. Cerrar

Sé memorable, concluye con un colofón que sea tu lanzadera para escuchar: ¡CONTRATADO!

Este speech de cierre debe durar menos de 20 segundos.

Este breve discurso debe incidir en:

A- Motivación.
B- Recordar tu mano ganadora. Trío. Póker. Repóker.
C- Educación (candidatos con escasa experiencia, como es el caso de los jóvenes graduados).

A- Motivación.
Insiste en tu ilusión, por el proyecto, la empresa y el puesto. Recuerda que la entrevista es una **transferencia de entusiasmo.**

B- Insiste en tu mano ganadora. Trío. Póker. Repóker.
Vuelve a comentar tus 3, 4 ó 5 superpoderes. El trío, póker, repóker o full de habilidades, logros, éxitos, fortalezas y conocimientos, que hacen de ti el profesional competente y solucionador que necesitan.

C. Educación.
Para finalizar muéstrate educado, cortés e irradia optimismo. Emplea tu mejor y más sincera sonrisa en este importante momento. Agradece a todos, si hay más de un entrevistador, la oportunidad y el tiempo dedicado.

KO & OK

KO
— ¿Qué sucede a partir de esta entrevista?

OK
— ¿Hay algún tema que desee aclarar...? — comenta la candidata.

— ¿Cuáles son los siguientes pasos en el proceso de selección? ¿Tienen previstas más entrevistas o pruebas? ¿Cuándo tomarán la decisión? ¿Fecha prevista de incorporación?

— Por último quiero aprovechar para...

—Esta posición me ilusiona por...

—Encaja con mis habilidades y experiencia que son ...

—Les agradezco la oportunidad, el tiempo dedicado :) :) :) ...

Ideas clave

1- Las impresiones finales perviven. Sé memorable durante 15 ó 20 segundos al final de la entrevista para ser recordado.

2- Prepara, practica y ejecuta tu speech ganador de finalización de la entrevista.

Decide qué mensajes consideras que deben permanecer en la mente del seleccionador. Sé memorable y no trates de improvisar.

3- Los 3 pasos del cierre perfecto son:

A- Desactiva minas.
B- Pregunta por el futuro del proceso de selección y a través de qué medio puedes hacer un seguimiento. Lo aconsejable por profesional y poco intrusivo es a través de mensajes en LinkedIn.
C- Muéstrate educado en la despedida. Sonríe, agradece la oportunidad y el tiempo dedicado.

Parte VI. La secuela

Las 7 acciones imprescindibles post entrevista

Transforma la preocupación en acción.

Tu estrategia post entrevista puede ser determinante. Hacer un seguimiento te distingue y te permite sobresalir frente al resto de candidatos.

Sé proactivo. Transforma el estrés de la espera, en acción e incrementa tus posibilidades de escuchar: **¡¡¡CONTRATADO!!!**

Las **7 acciones** que debes realizar tras la entrevista son las siguientes:

Acción 1
Redacta un informe.

Elabora un informe tras finalizar la entrevistas te permite:
A. **Evaluar.** Qué tal lo has hecho. Qué te ha gustado. Cuáles han sido los aspectos positivos y negativos que debes mejorar.
B. **Recordar** la información que te han proporcionado. La memoria es traicionera. Quizá pasen varias semanas hasta la siguiente entrevista con ellos y si das la sensación de haber olvidado datos importantes del puesto o de la empresa. ¿Crees que causa una buena impresión?
C. **Mejorar.** Sirve para perfeccionar tu técnica de ejecución de las entrevistas.
D. **Examinar.** A lo largo de la entrevista te han proporcionado información del puesto, la empresa, tareas, responsabilidades, objetivos, dependencia jerárquica, paquete retributivo o el clima laboral. Reflexiona si esta oportunidad profesional encaja con tus expectativas. ¿Es lo que esperabas? ¿Hay una cierta decepción? Decide en consecuencia, quizás no te interesa continuar en el proceso.

Contenido del informe que te propongo:

A- Sobre la empresa, el puesto y la oportunidad profesional.
- ¿Es una buena opción profesional? ¿Me interesa? ¿Cumple mis expectativas?
- ¿Encajo en la cultura de la empresa? ¿En sus valores? ¿Coinciden con los míos?
- ¿En esta organización podré tener carrera profesional? ¿Sí? ¿No?
- ¿Las tareas y responsabilidades del puesto son las esperadas? ¿Es un reto motivador? ¿Encajo? ¿Seré feliz? ¿Estaré motivado?

B- Ejecución de la entrevista. Qué tal lo has hecho.
- Aspectos positivos. Qué te ha gustado en general.
- Qué speeches consideras han sido excelentes.
- Cuáles han sido tus mejores respuestas.
- ¿Las peores respuestas?
- ¿Has relatado ejemplos que han aportado credibilidad?
- Qué ejemplos has transmitido de manera brillante.
- ¿Qué éxitos profesionales has comunicado al entrevistador?
- Técnicas de oratoria que has empleado de forma sobresaliente.
- Aspectos a mejorar. Qué preguntas te han hecho que debes contestar mejor en futuras entrevistas.
- ¿Has divagado en algún tema?
- ¿Algún aspecto ha quedado confuso?
- ¿Quizás algún aspecto clave del puesto no has sabido detectarlo?
- Qué debes mejorar en futuras entrevistas.

C- Qué has argumentado. ¿Has podido transmitir todas las ideas sobre ti que querías comunicar?

D- Qué has olvidado decir. ¿Es importante?

E- Qué intuyes que no le ha gustado al seleccionador.

F- Qué crees que ha valorado de manera positiva.

G- Anota los datos del entrevistador, nombre, apellidos, cargo, email, número de móvil, si son varios, de todos ellos.

H- Cualquier otro tema que quieras incluir en esta reflexión post entrevista.

Redacta este informe tan pronto sea posible para que tengas toda la información del desarrollo de la entrevista reciente. Si es posible hazlo el mismo día de la entrevista.

Acción 2
LinkedIn.

A- **Solicita contacto** al entrevistador si todavía no lo eres. Dispones de **300 caracteres**, alrededor de **45 palabras.** Sé conciso. Ve al grano. Transmite:
- Agradecimiento por la oportunidad y el tiempo dedicado.
- Reitera tu motivación por el puesto.
- Por qué tú. Tus superpoderes. Tu mano ganadora.

B- Si ya eres contacto de primer nivel con el entrevistador, envía un mensaje indicando agradecimiento, motivación y por qué tú. En este caso no tienes el límite de los 300 caracteres, pero no te excedas, hazlo breve, remite un mensaje de menos de 90 palabras, ligero de leer.

Antes de enviar ningún mensaje repasa tu perfil:
- Asegura que está actualizado y es completo. La verdad es que debes hacerlo desde que inicias tu búsqueda de oportunidades profesionales.
- Comprueba que lo manifestado en tu perfil coincide y es coherente con la información transmitida en la entrevista.

Acción 3
La búsqueda.

El tiempo pasa de manera lenta, muy lenta para el candidato, en especial si no tiene trabajo.

Por muy buenas perspectivas que tengas tras la entrevista, sigue buscando nuevas oportunidades profesionales, prospecta el mercado, quizá lo mejor está por venir, en cualquier caso pasa de estar preocupado a estar ocupado.

Acción 4
Referencias

Si te han solicitado referencias ponles sobreaviso, contacta con ellos y coméntales…
- Proceso o procesos en los que participas.
- Avísales que es posible que reciban una llamada, un email o mensaje a través de LinkedIn del seleccionador.
- Comenta qué aspectos es bueno que destaquen sobre ti, qué temas son importantes para el entrevistador.

Acción 5
Seguimiento

Maneja las riendas, haz un seguimiento de tu situación en el proceso de selección.

Objetivos de este seguimiento:
1. Obtener información. Saber la evolución, si…
  a. Continuas.
  b. Estás descartado.
  c. El proceso está parado, estancado.
2. Permanecer en la mente del seleccionador.

3. Transmitir motivación.

¿Cuándo contactar? Entre una y dos semanas después de la entrevista.

¿Cómo establecer contacto para hacer el seguimiento? Tienes distintas opciones:
- Correo electrónico.
- LinkedIn, por mensaje.
- Móvil, llamada.
- Whatsapp u otro programa de mensajería instantánea como telegram, line, hangout..
- Cualquier canal que consideres oportuno utilizar, como por ejemplo señales de humo, el telégrafo, reflejos con un espejo, mensaje en una botella… :)

Lo mejor es consensuar con el entrevistador este tema. Repasa el capítulo: "Los 3 Pasos para un cierre 5 estrellas de la entrevista".

Gradúa en cada proceso de selección cómo y cuándo realizar el seguimiento, porque debes demostrar **motivación, no desesperación.**

Acción 6
En procesos de selección con consultora de selección o headhunter.

Si tu candidatura ha sido presentada a la empresa por un consultor de selección o un headhunter, situación que se da cuando la organización externaliza el proceso de selección, te propongo que hagas lo siguiente:

A. Tras la entrevista con el seleccionador de la empresa, contacta tan pronto como te sea posible con el consultor y transmite tus impresiones.
B. Solicita al consultor que haga un seguimiento del proceso y te mantenga informado.

C. Reitera tu motivación por la oportunidad profesional e insiste por qué eres una excelente opción, tu motivación y por qué eres un activo valioso.
D. Recuerda: El consultor de selección está en continua comunicación con la empresa. Es tu embajador y representante frente al empleador, proporciónale munición que le permita defender tu candidatura.
E. El consultor de selección puede ser tu futuro proveedor de ofertas de empleo. Con independencia de lo que pase en este proceso, causa una buena impresión y contará contigo cuando surjan nuevas oportunidades profesionales.

Contacta nada más salir de la entrevista, no esperes a que lo haga él, ten iniciativa, demuestra rapidez y eficacia. Comunica tus sensaciones a través del canal acordado: mensajes de LinkedIn, email, llamada al móvil, whatsapp…

Acción 7
Qué hacer si no eres la persona seleccionada.

— Sentimos comunicarle…

El seleccionador te notifica que no continúas en el proceso de selección.

¿Qué puedes hacer? Deja un buen sabor de boca. Envía un email o un mensaje por LinkedIn, con el siguiente contenido:

- Agradece que hayan pensado en ti.
- Reitera tu motivación por trabajar en la empresa.
- Muestra tu interés porque te tengan en cuenta en futuros procesos de selección.

Es posible que el candidato seleccionado termine por no incorporarse, no supere el periodo de prueba o sea baja voluntaria.

En estas situaciones la empresa para acelerar la nueva incorporación echará mano de las candidaturas recientemente vistas, y ahí estás tú, la única candidata que envió un email de agradecimiento tras comunicarle el descarte. ¡Olé!

KO & OK

KO

— Qué alivio, por fin, ya pasó el trago de la entrevista, tengo buenas sensaciones, soy optimista, ahora toca esperar que digan ellos algo…

OK

— Lo más importante está hecho, ha salido bien, pero hay que rematar la jugada para poder escuchar: ¡¡¡CONTRATADO!!! voy a:
- Elaborar el informe de la entrevista para recordar y mejorar.
- Nada más llegar a casa voy a solicitar contacto en LinkedIn al entrevistador.
- Referenciadores potenciales, voy a contactar con ellos para que estén sobreaviso.
- Seguiré buscando otras opciones profesionales, nuevas oportunidades.
- Haré seguimiento…

Ideas clave
1. Los profesionales brillantes hacen todo lo que está en sus manos para alcanzar el éxito. Ejecutar las acciones analizadas en este capítulo te pueden proporcionar una ventaja competitiva frente al resto de candidatos. Aprovéchala.
2. La post entrevista puede ser tan importante como la misma entrevista, sé proactivo, actúa y haz seguimiento.

3. Todo aquello que depende de ti aprovéchalo, no desperdicies ninguna ocasión de comunicar tu talento, tanto lo que sabes como la ilusión por la propuesta profesional.
4. Hacer seguimiento tras la entrevista, puede ser la diferencia entre conseguir o no la propuesta de contratación.
5. Ejecuta todas las acciones indicadas en este capítulo.
6. Si no eres el candidato seleccionado muestra agradecimiento por haber contado contigo y ponte a disposición para futuras nuevas oportunidades.

No hacer nada es acabar en nada.

Ideas finales

Querido lector, gracias por leer las **46.379** palabras que componen este libro para transformar las entrevistas en contratos de trabajo.

¿Ha llegado la ansiada entrevista? ¿Te han llamado? ¿Sí? ¡Enhorabuena! Disfruta de la reunión, sonríe y hazles ver el valioso activo que eres para su organización.

Tal y como hemos visto a lo largo del libro, la base del éxito, de tu éxito, es la preparación, la práctica y una brillante ejecución.

Haz un esfuerzo para ser un **candidato OK.** Actúa con sabiduría. A lo largo de tu carrera sé un profesional que se esfuerza por conseguir objetivos, alcanzar metas, conseguir y solucionar.

Sobre todo, siempre y en todo momento, sé alguien capaz de crear un excelente ambiente de trabajo a tu alrededor. Alguien con quien da gusto trabajar.

Deseo que este libro sea una guía que te ayude a alcanzar tus metas profesionales y personales.

Buena suerte en el camino. En tu camino.

Un fuerte abrazo
Carlos

¿En qué te puedo ayudar?

Trabajemos juntos

En la actualidad realizo las siguientes actividades profesionales:

1- Estamos creando un sitio web de suscripción con formaciones en empleabilidad, desarrollo profesional y personal más completo en español, para acelerar tu búsqueda de empleo, tu éxito profesional y personal.

En él estarás tutorizado por mi, acompañándote en todo momento. En esta web encontrarás todo lo que necesitas saber para obtener el trabajo de tus sueños rápidamente.

Enncontrarás…
- Video cursos
- Podcast
- Webinarios
- Masterclass
- Guías y pdf´s descargables
- Tutorización. Webinars grupales semanales para obtener orientación y hacer preguntas

2- Mentorizo y acompaño de manera individual (1&1) a profesionales en búsqueda de empleo. ¿Tasa de éxito? Más del 80% obtienen empleo en menos de 3 meses.

Más del 90% coinciden en que el programa supone un antes y un después en sus vidas profesionales y personales.

3- Imparto formaciones en universidades, academias, empresas y centros de formación.

4- Gestiono programas de **outplacement** (recolocación de profesionales desvinculados de la organización por despidos individuales o colectivos).

5- Colaboro en selección de personal, incorporando excelente talento a la organización, gente que **QUIERE** y **SABE**.

6- Doy charlas y conferencias.

Si crees que podemos trabajar juntos y te interesa alguna de estas opciones contacta conmigo:

carlos.losada.viejo@gmail.com

Conectemos: https://www.linkedin.com/in/carloslosadahr/

¡Necesito tu ayuda!

Muchísimas gracias por descargar el ebook o comprar el libro.

Si te ha gustado y lo has encontrado útil, me ayudaría muchísimo si dejas tu honesta y sincera opinión en Amazon. ¡Si tu valoración es de **5 estrellas** será fantástico!

¿Cómo dejar una valoración y opinión?

Es muy fácil, en la página de este libro baja hasta que veas:

Valorar este producto

Comparte tu opinión con otros clientes

Haz click en:

Escribir mi opinión

¡¡¡Muchísimas gracias por tu apoyo!!!

El feedback con mis lectoras y lectores me motiva y anima a seguir escribiendo sobre estos temas.

Sí. Hay en camino nuevos libros basados en mi experiencia y peripecias a lo largo de 25 años de tribulaciones profesionales.

Otro fuerte abrazo
Carlos

Sobre mi

Llegué a la profesión de gestión de recursos humanos un poco por intuición, no fue nada programado, ni planificado. Al finalizar mis estudios de derecho y dirección de empresas (MBA) comprobé que el área que más disfrutaba e ilusionaba era gestión de personas.

En mi carrera profesional hay dos grandes etapas:
Etapa 1. Ayudando a las organizaciones (Carrefour, Grupo VIPS, Grupo editorial JOLY, Grupo Caser…) a ganar dinero, ser mejores y más eficaces. Siempre desde la gestión de recursos humanos, head of people que diríamos en cateting :)

Etapa 2 (actual). Ayudo a las personas a mejorar su empleabilidad, a disparar el potencial y la autoestima, que todos atesoramos y que no siempre sabemos explotar, para obtener nuestros objetivos profesionales y personales.

También soy un recolector de experiencias y de conocer gente. Orgulloso peregrino de **El Camino de Santiago**. Atesoro **853 km** plagados de maravillosas experiencias, momentos únicos e irrepetibles, y de conocer buena gente de verdad.

Disfruto haciendo deporte (running +- 30 km a la semana) y soy un compulsivo lector.

A grandes rasgos este soy yo. Un simple ciudadano. Nada más. Ni nada menos.

Agradecimientos

A mi exigente y brillante lectora cero, **Elena Sánchez Erce** sus opiniones y consejos han sido vitales para poner orden en el caos, articular el contenido y dar ritmo al libro.

Muchísimas gracias a **Carlos Ferrer** (un gran abrazo tocayo)**, Juanvi Olmos** y **Anibal Falcinelli**, por animarme y creer en este proyecto.

Gracias a mi familia por su apoyo: Silvia, Javier, María, Jorge, Cecilia, Jose Antonio, Jose Luis, Mª Dolores y Sofía.

Muchísimas gracias por vuestras aportaciones y ánimos a Elena Romero, Esther Canales, Julián Mirallas, Julia Verbena, Chabi Cabello, Santi Hernández, Beatrice Carole, Eduardo, Lau Domínguez, Natalia Conejo, Elena Abadía, Javier Jiménez, Merche Carrascón, Almudena Hernández, Beatriz Sancho, Ceyla Vacas, Jesús Pérez, Patrick Persona, Cristina Monreal, Seila Hernández, Marta Burillo, Carmen Sanz, Eugenio Gallego, Antonio Ortega, Teresa Pérez, Jorge Francos, Chema Dieste, Silvia Calahorra, Carlos San Miguel, Diego Medina, Claudia Marín, Fernando Martín Sorbe, Maurizio Bernabei, Miguel Calvo, Víctor Lucea, Luisa Cassina, Alice Riu, Ramón Roselló, Claudio Sepúlveda, Diana Collazos y Johana Macedo.

Por supuesto, mi agradecimiento a los cientos de alumnos con los que he coincidido estos últimos años. Disfruto todos y cada uno de los minutos en los que estoy impartiendo formación, compartiendo experiencias, tanto en las mentorías individuales o grupales, clases, masterclass, dinamizando actividades de Team Building y en las dinámicas de grupo…

¡Muchísimas gracias a tod@s!

Continuará…

www.ingramcontent.com/pod-product-compliance
Lightning Source LLC
Chambersburg PA
CBHW071353210526
45465CB00001B/69